ケーススタディ
事業承継の法務と税務

思わぬ失敗に陥らないために

弁護士
髙井章光・税理士法人UAP [編著]

ぎょうせい

◆はしがき◆

　中小企業庁の報告によると、今後10年の間に、平均引退年齢である70歳を超える中小企業・小規模事業者の経営者は約245万人となり、うち約半数の127万人が後継者未定の状態である。後継者未定の企業は日本企業全体の約3分の1に該当し、現状を放置すると、中小企業廃業の急増により、2025年ごろまでの10年間累計で約650万人の雇用、約22兆円のGDPが失われる可能性があるという。

　事業承継問題は、今後10年が勝負であり、後継者が未だ決まっていない企業のみならず、後継者候補がいる企業においても、いかに円滑な経営交代を行うことができるかが、企業のその後の経営において重要となっている。

　このような時代背景のもと、平成30年の民法（相続法）改正においては、事業承継を円滑に進めることを目的の一つとして、遺留分制度の改正がなされている。また、中小企業経営者の次世代経営者への引継ぎを支援するため、平成30年度税制改正において、事業承継時の贈与税・相続税の納税を猶予する事業承継税制が大きく改正され、10年間限定の特例措置が設けられた。これからの事業承継では、従前よりもまして、このような契約等の私法上の新旧制度と優遇税制を複合的に活用していくことが求められる。

　したがって、中小企業を日ごろサポートしている税理士、弁護士やその他の士業、支援団体においては、事業承継問題に対し、それぞれの専門性に裏付けられたしっかりとした支援が必要となっており、連携して対応することが極めて重要となっている。

　本書は、日ごろ中小企業を支援している士業、支援団体の方に対し、事業承継問題において避けて通れない法務及び税務の問題について、

親族内承継、親族外（従業員）承継、第三者承継（M&A）、さらには廃業の場面ごとにいくつかのケースを前提として、法務・税務それぞれ豊かな経験を持つ執筆陣によって必要不可欠な最新の知識・ノウハウを概説するものである。また、それぞれのケースに共通する重要テーマについては、別章において詳説している。類書においては、法務のみのものや税務のみのもの、また法務と税務が関連性なく別々に記述されているものがほとんどであるため、本書は、各ケースにおいて法務と税務の必要不可欠な情報を関連づけて概説することにより、より実務的に利便性が高いものとなっていると自負するところである。

　是非とも多くの士業、支援団体の方に手にとっていただき、多くの事業承継事例において活用されることを願っている。最後に、本書の発刊に多大なご配慮とご協力をいただいた株式会社ぎょうせいの担当者を始めとする関係者の皆様に厚く御礼申し上げます。

平成30年12月

弁　護　士
髙　井　章　光
税理士法人UAP パートナー
後　　宏　治

目次

はしがき

第1章　会社の現状把握　Step1

1. 事業承継の重要性 ･･････････････････････････････････････ 2
2. 事業承継の検討手順 ････････････････････････････････････ 2
3. 事業承継における一般的手順（5つのステップ）･････････ 5
4. 経営状況・経営課題等の把握における留意点 ････････････ 6
5. タイプ別のフローチャート ････････････････････････････ 15

第2章　親族内承継　Step2-1

1. はじめに ･･･ 24
    - ◆法務からのアプローチ ･････････････････････････････ 24
    - ◆税務からのアプローチ ･････････････････････････････ 25
2. 複数の候補者がいる場合の対応〈ケース1〉･････････････ 27
    - ◆法務からのアプローチ ･････････････････････････････ 27
    - ◆税務からのアプローチ ･････････････････････････････ 28
        1. 会社分割を利用した事業承継　28 ／ 2 事業承継税制　30
3. 承継者を連続させたい場合の対応～いわゆる後継ぎ遺贈ニーズにどう対応するか〈ケース2〉････････････････････････ 31
    - ◆法務からのアプローチ ･････････････････････････････ 32
        1. 負担付遺贈（負担付の「相続させる」旨の遺言）　32
        2. 後継ぎ遺贈型受益者連続信託の活用　34
    - ◆税務からのアプローチ ･････････････････････････････ 37
        1. 負担付遺贈（負担付きの「相続させる」旨の遺言）　37
        2. 後継ぎ遺贈型受益者連続信託　38
4. 経営のみ承継する場合（株式は別途の対応を実施する場合）〈ケース3〉･･ 39
    - ◆法務からのアプローチ ･････････････････････････････ 40
        1. 遺言による場合　40 ／ 2 種類株式による場合　41 ／
        3. 信託による場合　44
    - ◆税務からのアプローチ ･････････････････････････････ 46
        1. 遺言による場合　46 ／ 2 種類株式による場合　46 ／
        3. 信託による場合　47
5. 承継者は決まっているが、複数の相続候補者がいる場合の対応①～資産を多く保有している場合〈ケース4〉････････ 49

◆法務からのアプローチ･････････････････････････････････49
　　　◆税務からのアプローチ･････････････････････････････････52
　　　　　1　生前に譲渡する場合　52／2　相続又は遺贈により移転する場合　53

6 承継者は決まっているが、複数の相続候補者がいる場合の対応②
　　～会社資産以外にあまり資産を有していない場合〈ケース5〉･･････55
　　　◆法務からのアプローチ･････････････････････････････････55
　　　◆税務からのアプローチ･････････････････････････････････57
　　　　　1　代償分割を行う場合　58／2　金庫株買い取りを行う場合　58

7 グループ会社（複数の会社）を承継させたい場合の対応〈ケース6〉･･60
　　　◆法務からのアプローチ･････････････････････････････････60
　　　◆税務からのアプローチ･････････････････････････････････61
　　　　　1　株式購入型の持株会社化　61／2　組織再編による持株会社化　61
　　　　　3　一般社団法人等を活用する場合　62／4　事業承継税制を活用する場合　64

第3章　親族外承継　Step2-2

1 はじめに･･･66
　　　◆法務からのアプローチ･････････････････････････････････66
　　　◆税務からのアプローチ･････････････････････････････････67

2 複数の後継者候補者がいる場合の対応〈ケース1〉････････････68
　　　◆法務からのアプローチ･････････････････････････････････68
　　　　　1　親族外承継における人間関係調整の重要性　68
　　　　　2　複数の後継者がいる場合の対応　69
　　　◆税務からのアプローチ･････････････････････････････････71
　　　　　1　方針の決定　71／2　分社化の検討　72

3 オーナーチェンジを伴わない場合の問題〈ケース2〉････････････75
　　　◆法務からのアプローチ･････････････････････････････････76
　　　　　1　親族外承継における株主との関係　76
　　　　　2　相続等によって株式が分散しないための対応　77
　　　　　3　経営者保証の承継問題　77
　　　◆税務からのアプローチ･････････････････････････････････78

4 オーナーチェンジを行う場合の問題〈ケース3〉･････････････････80
　　　◆法務からのアプローチ･････････････････････････････････81
　　　　　1　株式の移転方法　81／2　株式買取資金の調達　81
　　　　　3　経営者保証の解消問題　82

◆税務からのアプローチ‥‥‥‥‥‥‥‥‥‥‥‥‥‥‥‥‥‥83
  1 AがBに贈与又は遺贈する方法　83
  2 AがBに時価よりも低い価額で譲渡する方法　83
  3 株式の評価額を引下げて譲渡する方法　84

5 事業のみを従業員に承継させ、特定資産を親族に承継させるケース〈ケース4〉‥‥‥‥‥‥‥‥‥‥‥‥‥‥‥‥‥‥‥‥‥‥‥‥86

◆法務からのアプローチ‥‥‥‥‥‥‥‥‥‥‥‥‥‥‥‥‥‥87
  1 工場に関する賃貸借契約締結上の留意点　87
  2 工場を会社が所有している状態において、将来の工場からの賃料収入をもって前経営者の家族の生活費を賄うための方法　87

◆税務からのアプローチ‥‥‥‥‥‥‥‥‥‥‥‥‥‥‥‥‥‥89
  1 社長Aが不動産を所有している場合　89
  2 X社が不動産を所有している場合　90

6 過大負債が生じているケース〈ケース5〉‥‥‥‥‥‥‥‥93

◆法務からのアプローチ‥‥‥‥‥‥‥‥‥‥‥‥‥‥‥‥‥‥94
  1 事業再生の手法による事業承継　94／2 廃業の場合における第二創業　95

◆税務からのアプローチ‥‥‥‥‥‥‥‥‥‥‥‥‥‥‥‥‥‥96
  1 事業再生手法を利用した場合の留意点　97
  2 事業再生手法利用後の留意点　98

第4章　M&A　Step2-3

1 M&Aの総論（スケジュール）‥‥‥‥‥‥‥‥‥‥‥‥‥100

◆法務からのアプローチ‥‥‥‥‥‥‥‥‥‥‥‥‥‥‥‥‥100
  1 M&Aによる社外への引継ぎの手法と留意点　100

◆税務からのアプローチ‥‥‥‥‥‥‥‥‥‥‥‥‥‥‥‥‥105

2 知り合い等に売却する場合〈ケース1〉‥‥‥‥‥‥‥‥107

◆法務からのアプローチ‥‥‥‥‥‥‥‥‥‥‥‥‥‥‥‥‥108
  1 交渉の進め方　108／2 事業評価　108
  3 売買代金と退職慰労金との組み合わせ　110／4 株式譲渡の進め方　110

◆税務からのアプローチ‥‥‥‥‥‥‥‥‥‥‥‥‥‥‥‥‥112
  1 スキーム検討　112／2 売買価額の決定　113
  3 株式譲渡所得　113／4 役員退職慰労金の支給　114

3 第三者に仲介してもらって売却先を探す場合〈ケース2〉‥‥115

◆法務からのアプローチ‥‥‥‥‥‥‥‥‥‥‥‥‥‥‥‥‥116

1　経営状況・経営課題等の把握（見える化）　116
　　　2　経営改善（磨き上げ）　116／3　仲介者・アドバイザーの選定　118
　　◆税務からのアプローチ･･････････････････････････････････････　119
　　　1　スキーム検討前の整理　119／2　売買価額の決定　120
　　　3　株式譲渡所得　120
4 事業の一部だけ譲渡する場合〈ケース3〉････････････････････　121
　　◆法務からのアプローチ･･････････････････････････････････････　121
　　　1　事業の一部だけを譲渡する場合　121
　　　2　事業譲渡の対象となる事業　122／3　事業譲渡の手続の流れ　123
　　◆税務からのアプローチ･･････････････････････････････････････　124
　　　1　事業譲渡の課税関係　124／2　事業譲渡のメリット及びデメリット　124
5 過大負債が生じているケース〈ケース4〉･･････････････････････　126
　　◆法務からのアプローチ･･････････････････････････････････････　127
　　　1　総論　127／2　詐害行為取消権　127／3　否認権　127
　　　4　事業再生の観点の必要性　128／5　本件における具体的対応　129
　　◆税務からのアプローチ･･････････････････････････････････････　129
　　　1　X社の留意点　129／2　Y社の留意点　130

第5章　廃業　Step2-4

1 総　論･･　134
　　◆法務からのアプローチ･･････････････････････････････････････　134
　　◆税務からのアプローチ･･････････････････････････････････････　135
　　　1　法人税　135
2 事業譲渡などを実施したうえで廃業する場合〈ケース1〉･･････　140
　　◆法務からのアプローチ･･････････････････････････････････････　141
　　　1　取引条件の確定　141／2　取引形態（スキーム）の確定　141
　　　3　資産の換価と債務の弁済（資産超過の場合）　142
　　　4　債務の整理（債務超過の場合）　143／5　清算手続　144
　　◆税務からのアプローチ･･････････････････････････････････････　145
　　　1　事業譲渡を実施した場合　145
　　　2　吸収分割を実施した場合～税制非適格分社型分割を前提～　146
3 会社資産だけを承継する場合〈ケース2〉･････････････････････　148
　　◆法務からのアプローチ･･････････････････････････････････････　149
　　　1　総論　149／2　Y社資産の換価とC社長の個人資産の状況　149

3　廃業支援型の債務整理の利用　150

　◆税務からのアプローチ･････････････････････････････ 151
　　　1　法人税　151／2　補足　151

■ 第6章　事業承継対策の実行　Step3 ■

1 株式承継の方法 ････････････････････････････････ 154
　◆法務からのアプローチ･････････････････････････････ 154
　　　1　株式承継の手法について　154／2　自社株対策の基本的考え方について　156
　　　3　合併・分割・株式交換等の利用方法　157
　　　4　一次相続・二次相続をにらんだ遺産の分割をどうするか　157

　◆税務からのアプローチ･････････････････････････････ 158
　　　1　株式承継の方法　158／2　税務上の自社株対策の考え方　159
　　　3　私法上の事業承継対策　165

2 自社株の評価引下げ ･･････････････････････････････ 169
　◆法務からのアプローチ･････････････････････････････ 169
　　　1　自社株式評価下げのニーズ　169
　　　2　親族内承継以外の場合における対策　169

　◆税務からのアプローチ･････････････････････････････ 170
　　　1　非上場株式の相続税評価　170／2　自社株式の評価減対策　174

3 事業承継における遺留分への対応 ････････････････････ 178
　◆法務からのアプローチ･････････････････････････････ 178
　　　1　事業承継における遺留分の問題　178／2　遺留分に関する民法の特例　179
　　　3　種類株式の活用　180／4　遺留分の事前放棄　181

　◆税務からのアプローチ･････････････････････････････ 181
　　　1　経営承継円滑化法における「遺留分に関する民法の特例」～「除外合意」「固定合意」～　181／2　経営承継円滑化法における「遺留分に関する民法の特例」～合意ができない場合～　183／3　経営承継円滑化法における「遺留分に関する民法の特例」～遺留分減殺請求の相続税上のポイント～　184

4 種類株式の活用 ････････････････････････････････ 187
　◆法務からのアプローチ･････････････････････････････ 187
　　　1　はじめに　187／2　種類株式　187
　　　3　事業承継時における種類株式の活用　189

　◆税務からのアプローチ･････････････････････････････ 196
　　　1　種類株式の相続税評価　196／2　3類型の種類株式の相続税評価　197
　　　3　種類株式3類型の具体的な活用方法　198

5 信託制度の活用 ･･････････････････････････････ 199
◆法務からのアプローチ ････････････････････････ 199
1 制度の概要、利用例と留意点　199
◆税務からのアプローチ ････････････････････････ 209
1 遺言代用信託の税務　209／2 他益信託の税務　212
3 受益者連続型信託の税務　213

6 組織再編手法 ････････････････････････････････ 216
◆法務からのアプローチ ････････････････････････ 216
1 組織再編手法の概説　216／2 組織再編の具体的手法　216
3 組織再編の手続　222
◆税務からのアプローチ ････････････････････････ 224
1 グループ内組織再編成の税務　224／2 遺産分割のための分社化　225
3 株式移転による持株会社設立　227／4 株式交換による親子関係の逆転　228

7 株式が分散している場合の対応 ･･････････････････ 230
◆法務からのアプローチ ････････････････････････ 230
1 株式を集約させることの重要性　230
2 株式を合意で買い取ることによる集約　231
3 会社法を用いた集約方法　233／4 種類株式を活用した集約方法　236
◆税務からのアプローチ ････････････････････････ 239
1 株式の集約に係る税務　239
2 事業承継税制を活用した少数株式の集約　243

8 事業承継税制の活用 ･･････････････････････････ 244
◆法務からのアプローチ ････････････････････････ 244
1 事業承継税制にかかわる法的手続の利用　244
2 事業承継税制利用と並行して行うべき対策　245
◆税務からのアプローチ ････････････････････････ 246
1 特例連続適用パターンの概要　246／2 贈与税の特例措置　247
3 贈与税の納税猶予中に先代経営者（贈与者）が死亡した場合　257

9 債務超過企業の事業承継 ･･････････････････････ 259
◆法務からのアプローチ ････････････････････････ 259
1 債務超過企業の事業承継の類型　259／2 法人の債務整理の手法　262
3 保証人の債務整理の手法　265／4 まとめ　267
◆税務からのアプローチ ････････････････････････ 268

執筆者一覧

第1章

会社の現状把握
Step1

Chapter 1

1 事業承継の重要性

　中小企業・小規模事業者（以下、まとめて中小企業と言います。）は、全企業の99.7％を占め、その雇用も全企業雇用の約7割であり、日本経済・社会を支える重要な役割を担っています。しかしながら、その数は激減しており、ここ15年間で100万も減少し、現在は380万となっております。この減少の主な原因は廃業企業の増加ですが、後継者不足から今後さらに廃業が進むと言われています。現在の中小企業経営者の一番多い年齢層は66歳であり、統計上、経営者交代年齢が約70歳ですので、ここ5年間が事業承継の重要な時期となります。事業承継を進める上で一番重要なのは、中小企業の経営者の自覚と準備・実行ですが、企業経営をサポートする士業や支援団体においても積極的に事業承継が円滑に進むための環境整備や具体的支援を行っていく必要があります。

2 事業承継の検討手順

　中小企業の事業承継を検討する場合、当該中小企業の状況に応じた適切な対応が必要となります。後記に中小企業の事業承継の検討手順をまとめておりますので、具体的な案件において、どのような手順で進めたら良いかチェックしてみてください。

　事業承継を進めるにあたり、まず最初に、経営者において事業を承継させるという強い決断が必要となります。強い決断をもって進めないと、途中で検討が中断したり、事業承継の手続が円滑に進まない状況が生じてしまいます。筆者の経験において、事業承継の準備をしていた最中に、高齢で病気がちであった経営者が、病気で急死してしまったことがあり、そのときは早期対応の重要性を実感しました。

経営者において事業承継を進めることについての決断ができれば、まずは後継者がいるのか否か、また誰を想定しているのか、を確認することになります。通常は親族内にて後継者を予定することが多いのですが（これを「親族内承継」と言います。）、最近は職業選択の多様性もあり親族が社内にいない場合も少なくなく、そのような場合には親族外の幹部役員や社員を候補として検討することになります（この場合を「親族外承継」と言います。）。ところが社内に適切な候補者がいないことも少なくなく、そのような場合には廃業するのか、または第三者に会社を売ることができるかを検討せざるを得ません（第三者に会社を譲渡する場合を「第三者承継」と言います。）。

　なお、どの場面においても、当該会社が債務超過である場合には承継においてその過大負債が障害となることがありますので、債務超過か否かやその状態については常に確認しておく必要があります。

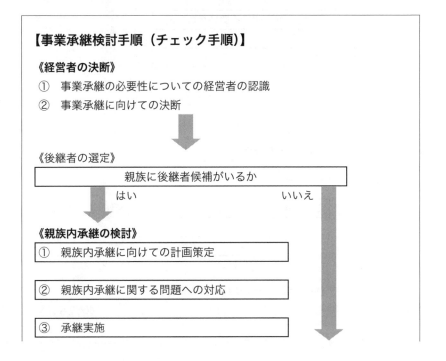

第1章 会社の現状把握（Step1）

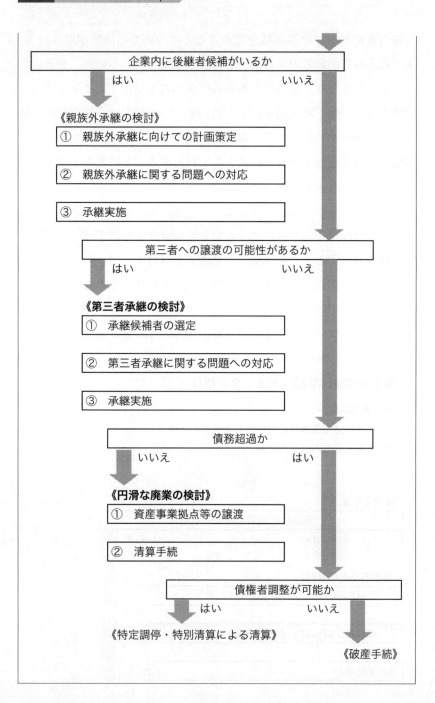

上記の検討を経て、親族内承継なのか、親族外承継なのか又は第三者承継（M&A）となるのかによって、それぞれ別の課題が生じることになります。詳細は本書第2章から第5章までの個別ケースの対応（Step2）を見ていただくことになりますが、大まかには以下のような課題が生じます。

【ケース別課題】
Ⅰ　親族内承継
　①　相続問題（遺留分対応）
　②　相続・贈与における税務
Ⅱ　親族外承継
　①　株式買取の場合の資金調達
　②　会社借入に対する経営者保証の承継
　③　株式譲渡・贈与における税務
Ⅲ　第三者承継（M&A）
　①　譲渡先の探索
　②　事業・株式譲渡価額などの条件決定
　③　事業・株式譲渡における税務

3　事業承継における一般的手順（5つのステップ）

　平成28年12月に中小企業庁は中小企業の事業承継における一般的手順を示した「事業承継ガイドライン」を策定しました。さらに、第三者承継に関しては、平成27年3月に「事業引継ぎガイドライン〜M&A等を活用した事業承継の手引き〜」を策定しております。これらのガイドラインやその対応マニュアルなどについては中小企業庁のホームページにて掲載されています。

この「事業承継ガイドライン」では、事業承継に向けた準備の進め方を以下の内容に分けて5つのステップに分けて説明しています。

> ステップ1：事業承継に向けた準備の必要性の認識
> ステップ2：経営状況・経営課題等の把握（見える化）
> ステップ3：事業承継に向けた経営改善（磨き上げ）
> ステップ4-1：事業承継計画の策定（親族内・従業員承継の場合）
> ステップ4-2：M&A等のマッチング実施（社外への引継ぎの場合）
> ステップ5：事業承継の実行

ステップ1は経営者における事業承継への取組みに対する決断の部分であり、その後、ステップ2において、当該会社の経営状況や経営課題を調査・分析し、事業承継において何が強みで何が問題（弱み）であるのかを把握すること（見える化）になります。そして、ステップ3では、強みをさらに伸ばし、また問題がある場合にはその解決をしておくことで、事業承継し易い状態に持って行くこと（磨き上げ）になります。そのような状況において、親族内や親族外（従業員）承継においては段階的に承継していくことが望ましいため、事業承継計画を策定し（ステップ4-1）、実行する（ステップ5）ことになります。親族内や親族外に後継者候補がいない場合には、M&Aを検討することになります（ステップ4-2、5）。

4 経営状況・経営課題等の把握における留意点

経営状況や経営課題等の把握（ステップ2）の調査は、個別の企業の状況において対応することになりますが、大きなチェック項目には共通性があります。以下に大きなチェック項目について概説します。

1　事業内容について

　まず、事業そのものがどのような状況にあるのかを把握する必要があります。現時点で利益が出ているとしても、業界全体として将来性がない状況であれば、事業承継の対応方法もそれに応じた内容を検討せざるを得ません。また、業界の動向にもかかわらず、生き残ることができる強みを持っていれば、不安材料は克服することができます。同様に弱みや課題があれば対処できるのか否かを早期に検討することになります。

2　収益状況について

　次に当該企業の収益力を把握する必要があります。安定した収益があれば良いのですがそうでない場合には何が問題であるのか、場合によっては不採算部門の閉鎖やコストカットなどのリストラが必要となる場合もありますので、その状況把握を早期に行う必要があります。

3　財務状況について

　財務面においては債務超過か否か、また債務超過であってもその程度やその負債の内容において、事業承継に支障が生ずるものであるのか否かを判断することになります。債務超過が大きい場合には、誰も経営を承継しようとしない場合もあり、その場合には事業承継の実施前に事業再生手続を実施して過大負債を圧縮する必要があります。

4　企業関係者について

　取締役会内部で派閥が生じている場合には、後継者問題が難航するなど支障が生ずる場合があります。株主においても同様です。特に第三者承継（M&A）においては株主総会特別決議を必要としたり、個々の株主の株式の譲渡を前提としますので、株主の承諾は重要になりま

す。また、重要資産の譲渡を行うような場合に、金融債務の担保に供している場合には担保解除が必要となり、金融機関の了解が必要となります。

5　事業継続の将来性について

　将来的に何らかの課題が生じる危険性がある場合には早期に把握して、対応策を検討する必要があります。従業員の高齢化により将来的に大幅な人員不足となってしまう場合や、今後に高額な設備投資が必要となるように大きな経営課題が将来において生ずることもありますので、確認が必要です。

6　事業承継の手続における事前チェック項目について

　オーナーチェンジを伴う場合には株主総会決議が必要であったり、個々の株主からの株式譲渡を伴う場合があり、株主が誰であるのかを適法に把握する必要があります。多くの中小企業においては株主名簿をきちんと管理しておらず、また株券発行会社であるにもかかわらず株券を発行していなかったり、株券の所在が不明であるなど、問題を抱えていることが多いため、予めその状況を確認しておくことが重要となります。さらに、第三者承継（M&A）において、重要取引の承継において障害となる契約条項（オーナーチェンジを行うことが契約解除事由となっている「チェンジ・オブ・コントロール条項」など）が存在しないかなども事前に確認が必要となります。

　以上のような内容について、当該企業の状況に応じて、個別に確認をすることになります。以下に項目をまとめておりますので、実際の案件においてチェックするリストとして活用してください。

4　経営状況・経営課題等の把握における留意点

【ステップ2】（チェックリスト）

株式会社　　　　　　　　　　

---

① 事業内容に関する項目

□事業環境における傾向

（業界としての将来性の有無、取引先の動向、顧客の動向など）をご記入ください

将来性……

取引先……

顧客……

□事業上の優位性

（他の同業者と比べての強みは何か）

□事業上の課題

（弱みや課題は何か）

② 企業の収益状況に関する項目

□収益力

(安定した収益力があるか)

□収益面での優位性

(収益源は何か・採算部門はどれか)

□収益面における課題

(コスト上の問題・不採算部門がないか)

□資金面における課題

(資金繰りに障害が生じていないか)

4 経営状況・経営課題等の把握における留意点

③ 企業の財務状況に関する項目

□財務状況

(経営基盤は強固か、負債が過大となっていないか)

□資産管理状況

(適切に資産管理がなされているか・オーナー家資産と会社資産が混在していないか・知的財産権の保護がなされているか等)

□負債の内容

(取引負債の内容、金融負債の内容、担保供与の有無、担保の内容等)

④ 企業関係者の状況

□役員の状況

(役員内に意見対立があるか等)

□従業員の状況

(事業承継の際に従業員の反発が生じ得るか)

□株主の状況

(株主による協力の可否)

□主要取引先の状況

(主要取引先・メインバンクなどの協力を得ることができるか否か)

4 経営状況・経営課題等の把握における留意点

⑤ 企業の将来性

☐ 事業環境面からの検討

☐ 企業内部における検討

(若手従業員の採用、企画開発状況、設備投資負担等)

⑥ 事業承継の手続に関する項目

☐ 株主に関する課題

(株主名簿は正確な内容であるか、株券発行会社であるか否か、株主の了解を得られる状況か否か等)

第1章 会社の現状把握（Step1）

☐ 許認可に関する課題

（事業承継において許認可の承継が必要か否か、承継が可能か否か等）

☐ 契約上の課題

（賃貸借契約、取引基本契約において株式譲渡・事業譲渡・会社分割の実施に契約解除事由（チェンジ・オブ・コントロール条項）が存在しないか等）

☐ 会社運営上の手続に関する課題

（取締役会議事録、株主総会議事録が整備されているか等）

5 タイプ別のフローチャート

　親族内承継、親族外承継、第三者承継（M&A）における手続フローチャートは以下のとおりです。案件における各タイプに応じて利用してください。

(1) 親族内承継

【親族内承継のフローチャート】
① 経営者による事業承継の決断
② 後継者候補の確定
③ 後継者候補の教育・社内体制整備
④ 相続対応（遺留分対策）
　a　遺言書の作成
　b　遺留分の事前放棄・民法特例の利用等
　c　種類株式・信託の活用　など
⑤ 平成30年改正事業承継税制を利用する場合には、承継計画の策定・提出
⑥ 事業承継（経営交代・株式贈与等）

　親族内承継では、経営者が事業承継について決断した（①）後、複数の候補者がいる場合には、誰を後継者とするか決めることになります（②）。1人に絞ることがほとんどですが、長男は運送部門を担当し、二男は不動産部門を担当するなど、場合によっては部門ごとに担当を分けることになることもあります。後継者を確定させた場合には、数年計画にて、社長とするべく経営者育成期間を設け、後継者に経営者としての力量や経験をつけさせ、社内外に後継者を次の社長として認

知させ体制を徐々に作っていくことになります（③）。

　オーナー企業の場合には、株式の承継を伴うことになります。この際に問題となるのが、現経営者が亡くなって相続が生じた場合の相続人間の紛争です。したがって、現経営者においては少なくとも会社株式や会社関係資産（社屋や工場などの事業活動に必要な資産）を有している場合には、予め後継者に贈与しておくか、または遺言書を作成して、その中で後継者に遺贈する形をとります。それでも他の相続人の遺留分を侵害している場合には、紛争が残りますので、遺留分対応も同時に検討することになります。遺留分対応としては、事前の遺留分の放棄、民法特例の利用のほか、種類株式を発行し、議決権ない株式を後継者以外の相続人に贈与又は遺贈するという方法、信託を利用する方法が考えられます（④）。なお、贈与税・相続税対策も重要であり、同時に行うことになります（⑤）。このような準備・段階的手続を経た上で、事業承継が実行されることになります（⑥）。

(2) 親族外承継

【親族外承継のフローチャート】

① 経営者による事業承継の決断
　（※なお、債務超過の場合はこの段階で事業再生手続にて負債圧縮を実施する）
② 後継者候補の確定
③ 後継者候補の育成・社内体制整備
④ 経営者保証の承継対応（取引金融機関との協議）
⑤ 株式移転を伴う場合
　a　株式譲渡代金の調達
　b　種類株式・信託の活用　など

> ⑥　平成30年改正事業承継税制を利用する場合には、承継計画の策定・提出
> ⑦　事業承継（経営交代・株式譲渡等）

　経営者が事業承継を決断した後において、親族に後継者としての適任者がいない場合には、社内に後継者を求めることになります。なお、会社が債務超過の場合、親族内承継ではあまり大きな問題とならないこともありますが、従業員を後継者とする場合には、多額の負債を負った状態では引き受けてもらえないこともありますので、負債処理手続としての事業再生手続を実施する中で、従業員を新たな社長とする事業承継を行うことを検討することになります（①）。

　社内に後継者を求める場合、親族内よりもさらに誰を後継者とするか選定において難しい場合があります。また、ある者を後継者候補とした場合、他の社員が反発してしまうこともありますので、選定においては慎重に検討することになります（②）。なお、従業員であった者が経営者となるには力量と覚悟が必要となりますし、社内外のサポート体制も必要ですので、育成・社内外体制整備についても十分に検討して実施する必要があります（③）。

　従業員が後継者となる場合に、経営者保証の承継が大きな問題となることがあります。親族内であれば、やむを得ないと覚悟を決めている後継者が多いのですが、従業員であった候補者が会社の負債について個人として保証責任を負うことの心理的抵抗は極めて大きく、この場合、「経営者保証に関するガイドライン」に則って、金融機関との交渉によって解決を図る必要があります（④）。

　従業員が経営者になる場合には、株式の移動を伴わないいわゆる「雇われ社長」のケースも多いですが、株式を前経営者から買い取る場合も少なくありません。この場合には、株価が想定外に高額であり、買

取資金をどのようにして用意するかが問題となります（⑤）。さらに、株式の譲渡・贈与における税務対応も重要となります（⑥）。このような準備・段階的手続を経て事業承継を行います（⑦）。

(3) 第三者承継（M&A）

【第三者承継（M&A）のフローチャート】

① 経営者による事業承継の決断
　※債務超過の場合には、事業再生手続を開始し、その手続と並行して、事業譲渡先候補の探索・事業譲渡実施を行う。
② 事業譲渡先候補の探索（親密先の探索）
　※候補がいる場合には、M&A実施となる。
③ 事業譲渡先候補の探索のためのFA（マッチング業者）との契約締結
④ FAによる事業譲渡先の探索
⑤ 候補先との間で守秘義務契約を締結した上で、当該企業調査（デューデリジェンス）
⑥ 候補先から購入意向表明（条件提示）
⑦ 事業譲渡に向けての候補先との間での購入条件・購入スキーム等についての協議
⑧ 購入条件・スキームを確定した合意書の締結
⑨ 事業譲渡に必要な社内手続（株主総会決議等）
⑩ 事業譲渡実施（クロージング）

　経営者が事業承継を決断したが、親族にも社内にも適任者がいない場合、廃業を検討する経営者が多いと思われますが、雇用確保・取引先や顧客への迷惑回避などを考えると第三者に会社を譲渡することを

検討することになります。なお、債務超過の場合には事業再生手続の中でスポンサーを探し、事業承継を実施することになります（①）。

　会社外の第三者に会社を譲る場合、取引先等の親密先に声がけをして候補者を見つけることになります。親密先への譲渡の方が、信頼関係があるため円満に進めることができるからです（②）。ただし、親密先に譲渡候補者がいない場合には、マッチング業者（仲介者・フィナンシャルアドバイザー（FA））に譲渡先を探してもらうことになります。しかしながら、中小企業のM&Aを取り扱うFAはあまり多くなく、また、高額な手数料を必要とすることが多いため、どのようなFAに依頼するかは十分に気をつける必要があります。公的な機関として各都道府県に設置されている「事業引継ぎ支援センター」を利用することも状況によっては検討することになります。FAと契約を締結する際においても、契約内容が複雑に規定されていることが多く、弁護士に確認してもらうなど十分な注意が必要です（③）。

　FAは、自らが有する情報網の中から相応しいと思われる会社のリストを作成し、最初は当方の会社名は伏せた状態（ノンネーム情報）にて、業種や売上規模等の基本的な情報のみをもって購入意思があるか否かを候補者リストの企業にあたって行きます（④）。興味を示した企業があれば、秘密保持誓約書（契約書）を提出してもらった上で、当該企業名のほか詳細な企業情報（ビジネス、財務、法務等に関する情報）を提供し、内容を調査してもらうことになります（デューデリジェンス（DD））。ただし、中小企業の場合にはあまり手間や経費をかけない場合が多く、上記調査（DD）も簡易な場合が少なくありません（⑤）。このDDを終えた企業において、買収条件を決定して示されることになります。通常は買収対象（全ての事業か一部門か）、買収価格、雇用引継の条件、資産承継の条件、商号を承継するか否かなどを決めて条件提示がなされます。複数の候補者がある場合には、

この提示された条件の優劣にて決定することになります（⑥）。

　提示された条件によっては、承継スキームをどの形にするかが問題となる場合があり、株式譲渡、事業譲渡、会社分割、合併など承継スキームの検討を行います。ただし、中小企業のM&Aにおいては取引に対する影響が一番少なく、かつ一番手続が簡易な株式譲渡のスキームがほとんどです。負債が過大であったり、事業の一部門のみを承継するという場合には、事業譲渡や会社分割のスキームを選択することになります（⑦）。

　これらの協議の上で、条件が確定すれば合意書を作成し（⑧）、選択したスキームを実行するのに必要な手続を実施することになります（⑨）。この場面において、株式譲渡であれ、事業譲渡等であれ、株主の意向を確認することになりますので、株主が誰であるか、株券発行会社であれば株券を有しているかなどが問題となり、必要な対応を行うことになります。このような段階的作業を経て、株式譲渡等によって第三者への事業承継が行われます（⑩）。

⑷　廃　業

【廃業のフローチャート】
①　経営者による廃業の決断
　（※なお、債務超過の場合はこの段階で整理手続を並行して実施する）
②　事業活動終了前における資産譲渡・事業所の譲渡
　※状況に応じて、第二創業支援を実施
③　事業活動終了
④　資産換価・負債処理
⑤　（債務超過の場合）負債処理手続

         a　特定調停・特別清算などの私的整理手続
         b　破産手続
      ⑥　会社清算（結了）

　後継者が見つからない場合や、会社の経営環境が良くない場合などにおいて、経営者が廃業を決断した場合には、円滑な廃業となることをめざします。債務超過であることも少なくなく、そのような場合には破産手続を選択せざるを得ない場合もありますが、できるだけ破産手続とならないことを目標として手続を進めることになります（①）。

　円滑に廃業を行う場合、会社資産を個々の資産として切り出して売却することが中心となりますが、たとえば店舗ごとの売却など事業体の形で売却することができれば、その限りでの雇用は確保され、取引先・顧客の迷惑も回避することができますし、撤退費用がかからず、多くの場合、資産で売却するよりも事業譲渡代金は高額になります。従業員が独立して同じ事業を営む（第二創業）のであれば、事業用資産を譲渡することで支援することも考えられます（②）。

　このような作業について、資金繰りに余裕があれば、事業活動を突然に止めずに徐々に業務を縮小しながら進めます。事業活動が停止した後は残った資産と負債を処理することになります（③）。なお、債務超過となってしまう場合には、最後に残る負債の処理が必要となりますので、専門的知識・経験を有する弁護士に依頼して、破産手続のほか、債権者の了解を得て残債務を免除してもらって会社を清算する特別清算や特定調停などの手続を行うことになります（④）。資産も負債も全て処理ができれば、会社は清算結了となります（⑤）。

第2章

親族内承継
Step2-1

Chapter 2

1 はじめに

法務からのアプローチ

　中小企業において、企業内に後継者候補となる親族がいる場合には、通常、親族を後継者候補とすることが多いと思われます。

　親族を後継者候補とする場合、一般的に、社内外から心情的に受け入れられやすいこともありますし、通常、早期に承継の準備を行うことが可能であり、円滑な承継が可能な場合が多いと言えます。

　ただし、近年では、少子化の影響もあってか、親族の後継者候補が減っており、親族内承継の割合が少なくなっているようです。

　親族内承継を検討する場合によく問題となる事項は、①候補者の経営力不足の問題、②先代経営者が株式を保持し続けて、親族内後継者候補に株が承継されないという問題、③他の推定相続人との相続トラブルに関する問題、④経営者保証の引継ぎの問題などがあります。

　通常、親族内だからこそ、時間をかけて準備することが可能と思われますので、事業承継をどのように進めていくのかについて、計画立てて進めていくことが望まれます。

　その際に重要なのは、経営の承継と資産の承継の両面に光を当てて、適切な専門家にアドバイスをもらいながら進めることです。

　なお、2019年7月1日に施行される民法改正（相続関連）においては、特に親族内承継のハードルの一つである遺留分減殺請求権が金銭請求権化（改正民法1046条1項において「遺留分侵害額に相当する金銭の支払いを請求することができる。」との規定が新設）されたり、遺留分の計算において考慮すべき特別受益の期間が原則として相続前10年に限られる（改正民法1044条3項において、「相続人に対する贈与」に限って、相続開始前10年間にした贈与を遺留分算定の財産価額に加える旨の規定が新設）等、事業承継への遺留分問題への影響

が少なくなり、親族内承継が円滑に進むきっかけになることが期待されており、注目に値すると言えます。

【親族内承継のフロー】

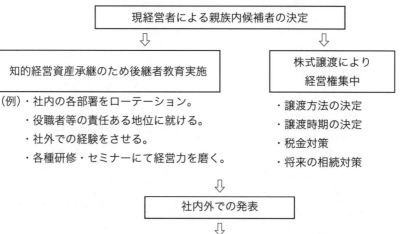

税務からのアプローチ

親族内で事業を承継する場合には、オーナーから後継者へ株式を相続・贈与することが一般的ですが、後継者が複数いる場合や後継者がまだ独り立ちしていない場合、後継者以外の相続人への配慮が必要な場合など単純に株式を渡すだけでは済まないケースも多々あります。こうした場合の解決策として会社分割を利用した承継、信託・種類株を活用した承継など新しい承継方法も目にするようになってきました。非上場の株式は、換金性が低い一方で、相続・贈与をする際の評価額は高額になりがちであり、発生する税金について何の準備もなく後継者へ移転をする（または移転したと税務上みなされてしまう）と

第2章 親族内承継（Step2-1）

相続税・贈与税の納税資金に困ってしまうことになりかねません。親族内の承継では、早い段階から時間をかけて承継の準備をできることが多いため、後継者の税負担、納税資金の確保、他の相続人との相続財産のバランス等に配慮しつつ、経営の円滑な承継を目指して計画的に承継の準備を進めていくことが望まれます。

2 複数の候補者がいる場合の対応

> **ケース1** X社は創業100年の老舗であり、経営状態は良好です。X社の株式は、A社長が80％、A社長の妻が20％を保有しています。
> 長男B、二男C、従業員Dがそれぞれ後継者の候補として考えられますが、どのような手順で候補者を絞って、承継を進めていけば良いでしょうか。

後継者候補が複数いる場合、その候補者間の人間関係や相続問題によっては、候補者を絞り込む過程でトラブルになることもあります。

したがって、後継者については、それぞれの後継者候補の性格や能力を鑑みて絞り込む必要がありますが、各候補者との意思疎通や候補者間の関係性にも配慮した上で、慎重に進める必要があります。場合によっては、共同経営や会社・事業の分割という選択肢も検討しても良いと思われます。

法務からのアプローチ

1 親族内や従業員において複数の後継者候補がいる場合、まずは、後継者候補の性格や能力等、様々な観点で当該会社の後継者としてふさわしい人物を選定する必要があります。後継者が決まれば、会社の目に見えない経営資源（知的経営資産）の承継のために後継者教育を図るとともに、株式や事業用資産の譲渡も進めていく必要があります。

2 ただし、後継者を1人に絞り込むにあたっては、他の後継者候補

であった非後継者にも配慮する必要があります。

なぜなら、将来、後継者と衝突が生じて会社経営に悪影響が生じたり、相続時における深刻なトラブルが生ずる可能性があるためです。

そのため、後継者に株式や事業用資産の譲渡を進めるとしても、他の非事業用の資産については非後継者に対して遺留分に配慮してバランスよく分配したり、また、後継者との関係上、可能な場合には、非後継者に、後継者の補佐的な役割を担ってもらうことも考えられます。

3 また、場合によっては、複数の後継者候補による共同経営や会社・事業の分割等を行って、それぞれの後継者候補に各社を担わせるという方法もあり得ます。

たとえば、X社の主たる事業がαとβの2つある場合を想定し、会社分割により、X社を、α事業を営むY社とβ事業を営むZ社に分社化したうえで、Y社の代表者を長男B、Z社の代表者を二男Cとすることにより、円滑に事業を承継させる方法が考えられます。

税務からのアプローチ

1 会社分割を利用した事業承継

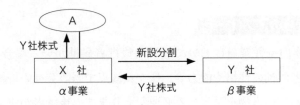

X社はα事業とβ事業と複数の事業を営んでおり、それぞれの事業を長男B、二男Cに独立した会社オーナーとして引継がせるために新設分割によりY社を設立しβ事業を承継させるケースが考えられます。

なお、以下税務の解説を行う際の事例は、特にことわりがある場合

を除き、法務の解説の事例とは独立した事例となっています。

　X社のオーナーであるAはこの新設分割によりX社株式の他に新たにY社の株式を持つことになりますが、通常税務上の適格要件を満たす形で分割を行うため、AによるY社株式の取得について税金は発生しません。また、X社が保有する資産の含み益に課税されることや繰越欠損金が消滅してしまうこと等もありません。AはX社株式を長男Bへ、Y社株式を二男Cへ移転することにより、それぞれの会社を複数の後継者に別々に承継することが可能となります。株式の承継にあたって、B、Cが対価を支払わずに株式を取得した場合又は支払った対価が時価に満たない場合には、その評価額と対価との差額につきB、Cに対し贈与税又は相続税が課税され、対価を受け取ったAには譲渡対価と取得費との差額につき株式等の譲渡所得として所得税等が課されます。なお、Aの保有するX社株式及びY社株式の取得費は、X社株式の取得費をX社からY社に移転した簿価純資産価格を基礎に改めてX社株式とY社株式に分けて計算し、相続又は贈与により株式を承継したB、Cはその価格を引き継ぎます。

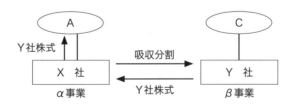

　他にも、二男CがY社を設立し、Y社へX社のβ事業を分割する吸収分割という形も考えられます。この場合Y社が分割の対価として発行するY社株式の発行比率はX社より移転を受けた純資産の価格とY社の純資産価格を基にして決められることが多いです。Y社株式を受け取ったX社がその株式をオーナーであるAに渡し、これをCに承継した場合の課税関係は前述の新設分割の場合と同様です。

2 事業承継税制

1のように会社分割を利用して複数の後継者に株式を承継した場合には、各承継者が取得した株式について事業承継税制の適用を受けられる可能性があります。

一方、一つの会社の株式を複数の後継者で引き継ぐ場合には、1人の後継者のみが事業承継税制の対象となり、残りの後継者は対象外でした。しかし、平成30年度税制改正で設けられた事業承継税制の特例措置において、これまでの事業承継税制では認められていなかった複数の後継者への事業承継税制の適用が認められ、最大3人までの後継者について、適用を受けることが可能となっています。後継者は全員が代表取締役になる必要があり、共同で経営に当たる場合以外では使いづらい部分はありますが、複数の後継者で株式を承継する場合で各承継者の納税負担を減らしたいときは検討に値します。なお、複数の後継者への贈与について事業承継税制の適用を受けるためには、全員同一年中に贈与を受ける必要があるので注意が必要です。

3 承継者を連続させたい場合の対応
～いわゆる後継ぎ遺贈ニーズにどう対応するか

ケース2

X（70歳）は、製造業を営むZ株式会社（以下、「Z社」と言います。）の創業社長です。

Z社株は、すべてXが保有しています。Xには、妻L（70歳）、長男M（45歳）、二男N（43歳）がいます。

Xは、現在、Z社の専務である長男Mを後継者と考えていますが、長男Mには妻Oはいるものの、子どもがいないため、万が一、長男Mが死亡するとZ社株が妻Oの家系に流れてしまうことを懸念しています。

そこで、長男Mの死亡後は、子どもがいる二男Nの家系に承継させたいと考えていますが、どのような準備・対応を考えることができるでしょうか。

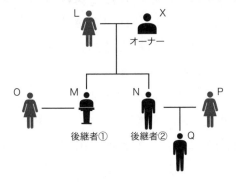

回答　事業承継を検討しているオーナーの中には、後継者について自分の次だけでなく、その次までも指定しておきたいという意向の方もいらっしゃいます。このような場合に、「後継ぎ遺贈」という方法が考えられます。これは、事例に即しますと、Xの遺言に

よりZ社株式をMに取得させた後でMが死亡しても、Mの相続人（妻O）にZ社株式を相続させるのではなく、XがニーズするNに同株式を与えるというものです。もっとも、後継ぎ遺贈の有効性については、法律上も判例上も定まっておらず、学説上は無効説が有力とされています。そこで、Xのニーズに応えるための代替手段として、負担付遺贈（負担付の「相続させる」旨の遺言）と、後継ぎ遺贈型受益者連続信託が考えられます。

法務からのアプローチ

1　負担付遺贈（負担付の「相続させる」旨の遺言）

　負担付遺贈とは、財産を引き継ぐ受贈者に一定の法律上の義務（負担）を負わせた上で、財産を遺贈する遺言です（後継者がオーナーの相続人であるときは、「相続させる」旨の遺言による「負担付の『相続させる』旨の遺言」になりますが、以下、まとめて負担付遺贈として説明します。）。

　事例において負担付遺贈をする場合、次の2パターンが考えられます。1つ目は、自社株式をまずMに相続させ、そのMに対し、「Mが死亡した場合には承継した自社株式をNへ承継させること」を負担とするものです。この場合、Xの遺言によりZ社株式を承継したMは、自らの相続開始に備えて遺言を書く負担を負います（第1パターン）。2つ目は、自社株式をNに承継させ、そのNに対し、「承継した自社株式に係る権利行使に当たってはMの指図にしたがうこと」を負担とするものです（第2パターン）。いずれも、自社株式を遺言により承継する者に対して義務を負わせることにより、後継ぎ遺贈のような効果を狙うものですが、次の難点があり、実務上、事業承継対策としてあまり利用されていません。

3 承継者を連続させたい場合の対応

【第1パターン】

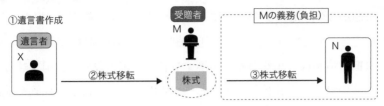

【第2パターン】

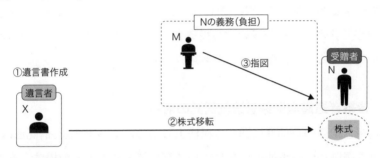

(1) 負担に関する履行の確保手段が弱い

　オーナーの希望が叶うかどうかは、株式を引き継いだ受贈者が負担することになった法律上の義務を誠実に履行するかに掛かっています。第1パターンでは、Mが承継した自社株式をNへ承継させるためには、Mが遺言をしなければなりません。第2パターンでは、Nが引き継いだ株式の権利を行使するにあたり、NがMとの間で株式の権利の行使に関する合意をした上で、Mからの指図にしたがわなければなりません。いずれも、遺言により株式を引き継いだ者がその負担する義務を履行しない場合には、相続人が相当の期間を定めて催告をし、その期間が徒過したときは、遺贈の取消しを家庭裁判所に請求することができるとされています。遺贈が取り消された場合には、その株式に関する承継が無かったものとされ、法定相続によることになります。つまり、事業承継対策をしなかった状態に戻ってしまいます。

(2) 次の次までは可能でも、さらにその次までは困難

事例から少し離れますが、XにMやNの更に次の後継者（二男の子Q）を指定したいという場合には負担付遺贈では対応が困難でしょう。

負担付遺贈は、相続財産を承継する者に一定の義務を負担させるものですので、たとえば、第1パターンの場合、遺言により株式を承継するMに対して義務を負わせることはできても、同遺言により株式を承継するわけではないN（NはMの遺言により株式を取得します。）に対して、オーナーがNの次の後継者（Q）への譲渡等をする旨の義務を負わせることは難しいと考えられます。

2 後継ぎ遺贈型受益者連続信託の活用

後継ぎ遺贈の有効性に関する民法上の議論がありますが、信託法は、後継ぎ遺贈型受益者連続信託について有効であることを前提に、その有効期間について規律しています。

後継ぎ遺贈型受益者連続信託は、自社株式を信託財産として受託者に引き渡す一方で、その自社株式からの経済的利益（剰余金等）を受ける権利を受益権とし、その取得者（受益者）を順次指定するものです。事例の場合は、次のようになります。

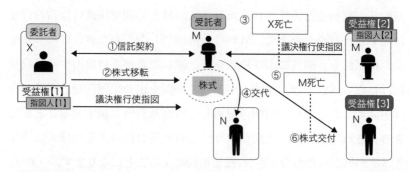

(1) スキーム説明

① XとMとの間で、自社株式を対象とする信託契約を締結しま

す。Xは、受益権【1】を取得します。信託契約において、受託者による自社株式の管理（株主総会の議決権行使等）について指図することができる権限（指図権）が行使できるのは受益者である旨を定めます。
② 上記①の信託契約に基づいて、自社株式がXからMへ移転します。この場合、自社株式が譲渡制限株式である場合には、取締役会決議等の会社の承認手続が必要になります。
③ Xが死亡します。信託契約の定めに従い、受益権【1】が消滅し、Mが受益権【2】を取得します。以後、Mが受託者に対して自社株式の管理について指図します。
④ 上記③により、受託者と受益者が同一人（M）となってしまうため、受託者をNに変更します。このとき、株式が譲渡されるため、譲渡承認手続が必要になることは、上記②のときと同じです。
⑤ Mが死亡します。信託契約においてMの死亡を信託終了事由としていた場合、信託が終了します。
⑥ Nは、信託財産として管理していた自社株式を以後自らの個人財産として取り扱うことになります。

(2) 信託の優位性

負担付遺贈と比較した場合の信託の優位性は、次のとおりです。
ア 信託法に基づく履行の確保手段があり、承継の確実性が高い
　承継の確実性を高めるためには、義務負担者がその義務を確実に履行することを如何に確保するかが重要であり、もし、履行しない場合にはその任を解き、他の者へ交代させることができる必要があります。負担付遺贈の難点は、前述のとおり、遺贈の取消しにより義務者を解任することができるにとどまり、新たな受任者に任せるところまではできないところにありました。この点、受益者連続信託を利用すると、

株式の管理（議決権行使等）は、受託者が株主となって行い、万が一、受託者が適切な管理を行わない場合には、受益者等が受託者を解任し、新しい受託者に任せることができます。そのほか、受益者は、受託者による任務懈怠による信託財産の損失てん補や原状回復を求めることもでき、受託者による義務の履行を促すことができます。

イ　柔軟性に富む（とくにMやNが先に死亡等した場合）

　信託は、契約において条件を付けて次の受益者を定めることができます。たとえば、Xが死亡する以前にMが死亡した場合には、Xの次の受益者をNとするなどの定めです。この点は、条件付遺贈によっても可能ですが、信託の場合には、受益者変更権に関する定めをして、信託設定後に事情変更（オーナーと後継者との関係悪化や、後継者の資質不十分であることの発覚等）が生じた場合に備えて、当初に指定した受益者を事後的に変更することもできます。たとえば、Xの次の後継者（受益者）をMと定めた信託について、事後的にXの次の後継者（受益者）をNに変更する場合です。

ウ　次の次の、さらに次以降も対応可能

　後継者の立場を、受益者連続信託では、受託者に帰属させた自社株式からの利益（配当）を受けることができる権利（受益権）と、自社株式の権利行使について指図することができる権限（指図権）の双方を有する者として位置づけます。

　したがって、事例のMやNが受益権を取得した後に、誰が次の受益権を取得するかを定めることにより、数世代先の後継者も指定することができます。もっとも、信託法91条は、「……信託がされた時から30年を経過した時以後に現に存する受益者が当該定めにより受益権を取得した場合であって当該受益者が死亡するまで又は当該受益権が消滅するまでの間」有効であるとして、期間制限を定めていますので、実際に承継できる世代には限りがあります。

税務からのアプローチ

1 負担付遺贈（負担付きの「相続させる」旨の遺言）

　負担付遺贈があった場合には、受遺者に対して、相続開始の時点で相続税が課されます。その際負担部分については、負担が確実と認められる金額を課税価格の計算上控除できます。一方、負担付遺贈による負担にともない利益を受ける第三者は、負担額に相当する利益について相続税が課されます。なお、その負担に「会社の代表取締役となった場合」等将来の不確かな条件の成就により効果が発生する停止条件がある場合には、その条件成就時にその第三者に相続税が課され、受遺者は減少する相続税について更正の請求をすることができます。

　法務解説中第1パターンの場合、相続開始時に、長男Mは遺贈により取得した自社株式の価額から死亡時に二男Nへ株式を移転するという負担を控除した金額につき、Nは将来のMの死亡によりMから株式を受け取る権利について相続税が課されます。ここで問題となるのが、Mの死亡時にNへ株式を移転する負担及びその裏返しとしてのNがMから株式を受け取る権利をどのように評価するかです。この場合の評価方法については相続税法や財産評価基本通達には明確な定めがなく、評価方法が不明瞭であることが、負担付遺贈による事業承継が行われない要因の1つとなっていると考えられます。

　次に法務解説中第2パターンの場合、長男Mの二男Nに対する自社株式に係る権利行使を行う指図権が相続税の対象となる財産に該当するか、Nの取得した自社株式の価額から控除すべき負担に該当するかどうかが問題となります。一般的にこうした指図権に金銭的な価値を見積もることは難しく、これは国税庁が公表している「種類株式の評価について」の情報によっても議決権の有無は株式の評価に原則影響しないとされていることとも整合します。したがって、この場合Nが控除する負担額及びMが取得した権利はない、つまりNが自社株式

のすべてを取得したものとして評価すると考えられます。

```
X ─────────────▶ M ─────────────▶ N
                株式α−β            将来受け取る権利β
```

2　後継ぎ遺贈型受益者連続信託

　後継ぎ遺贈型受益者連続信託については、最初に受益者とされた者が受益権を取得した場合には、その受益者が委託者から相続又は贈与により信託財産を取得したものとみなされて相続税又は贈与税が課されます。その後最初に受益者とされた者から次に受益者とされた者へ受益権が移転した場合には、次に受益者とされた者が最初に受益者とされた者から相続又は遺贈により信託財産を取得したものとみなされて相続税又は贈与税が課され、以後受益者が変わるごとに同様の税負担が発生します。

　法務解説中の事例の場合、信託契約に基づき自社株式が受託者である長男Mへと移りますが、この段階ではまだ受益者はオーナーXであるため税負担は発生しません。Xの死亡によりMが受益者となった段階で、Mは信託財産である自社株式を相続したものとみなされ、相続税が課されます。また、Mの死亡により信託が終了し、信託財産を取得した二男Nは、当該信託財産をMから相続により取得したものとみなされ、Nに相続税が課されます。

　このように、受益者連続型信託にかかる課税関係は明確であるものの、負担付遺贈とは異なり、M、Nとそれぞれの段階で信託財産である株式の価値すべてに対し相続税が課税されるのが難点です。この点については、信託協会から税制改正の要望が度々出ておりますが、今のところ改正の動きはありません。

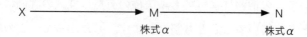

4 経営のみ承継する場合
（株式は別途の対応を実施する場合）

ケース3

X（65歳）は、亡くなった夫のYが創業した運送業を営むZ株式会社（以下、「Z社」と言います。）の株式の大部分を相続により取得している同社の代表取締役社長です。子どもは長男L（38歳）のみで、現在Z社の取締役をしています。なお、夫の代からの番頭役として専務のM（55歳）がいます。Xは、長男Lを後継者と考えており、自身の体調に不安を感じることや、本人の自覚を促すことを期待することもあって、長男Lを代表取締役に就任させることを考えていますが、Lの経験不足を踏まえると、株式の承継までは時期尚早と考えています。

回答

事業承継は、オーナーが保有する株式と経営（株式会社における代表取締役の地位等）を後継者へ引継がせることが必要ですが、オーナーの中には事業承継の必要性は認識しているものの、この両者を直ちに後継者へ引継がせることに不安や抵抗感を感じる方もいます。そのような場合、何らの対策を講じないままオーナーが死亡すれば、自社株式の共同相続により円滑な事業承継は望めなくなってしまいます。そこで、経営については後継者に承継させながら、会社に対する一定の関与（株主としての権限）を留保することで、オーナーの納得を得つつ、事業承継対策を講じることが考えられます。この場合、遺言、種類株式、又は信託を利用する方法が考えられます。

第2章 親族内承継（Step2-1）

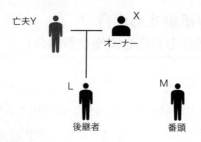

法務からのアプローチ

1 遺言による場合

オーナーが株式を引き続き保有しつつ、代表取締役の地位のみを後継者に譲る場合、懸念されるのは、オーナーの相続開始時に複数の相続人によって株式が準共有になってしまうことです。相続により準共有された株式を行使するには、その持分の価格（相続分）の過半数をもって権利行使者を定めなければなりません。後継者が過半数を持たない場合には、非後継者の干渉により経営が立ち行かなくなるおそれがあります。

そこで、オーナーが生前に遺言書を作成し、自社株式を後継者が単独で取得できるようにしておく必要があります。

(1) 遺言書の形式

遺言書は、その作成形式が法律に定められており、これに違反すると無効とされます。実務上利用が多いのは、自筆証書遺言と公正証書遺言ですが、事業承継のための遺言であれば、特段の事情がない限り、公正証書遺言によるべきと考えます。

自筆証書遺言の保管制度の新設により、紛失や隠匿、偽造のおそれや、検認に要する手間に対する手当てがなされるようになりましたが、法務局におけるチェックは形式的なものにとどまるため、遺言内容や表現の適切性についてチェックされることはありません。依然として、公証人が文案を作成し、かつ、遺言者の意思確認をした上で作成され

4 経営のみ承継する場合

自筆証書遺言		公正証書遺言
・遺言者自身が全文、日付を自書^(※1) ・署名と捺印 ・加除訂正方法に決まりあり	作成方法	・2人の証人立ち会いの上、公証人が公正証書にて作成
・紙とペンと印鑑代	費用	・公証人手数料
・必要(家庭裁判所での手続に時間がかかる)^(※2)	検認手続	・不要(相続開始後直ちに遺言執行ができる)
・遺言者自身が保管。紛失や隠匿の危険性あり^(※3)	保管	・原本を公証役場にて保管

(※1) 相続法改正により、財産目録については一定の要件の下、ワープロ印字したもの等も許容されるようになります(2019年1月13日施行)。
(※2) 相続法改正により、法務局が保管するものについては検認が不要になります。
(※3) 相続法改正により、遺言者の住所地もしくは本籍地又は遺言者が所有する不動産の所在地を管轄する法務局に自筆証書遺言の保管をしてもらう制度が創設されました(2020年7月10日施行予定)。

る公正証書遺言の方が事業承継の確実性・円滑性に勝ると考えます。

(2) 公正証書遺言作成上の注意点

　公証人は、裁判官や検察官等の出身者であり、適法かつ明瞭な表現による遺言書の作成を頼むことができます。もっとも、公証人は、証書を作成するという職責上、遺言者の意思決定に積極的に関わりアドバイスをすることはありません。たとえば、遺言によるべきか他の方法が適切か、遺言の内容が遺言者の人間関係や法律関係にどのような影響を与えるかなどを公証人が踏まえて遺言書文案を作成するとは限りません。この点、弁護士は、相続関連紛争の処理に長けていますので、その経験を踏まえたヒアリングを通して、遺言者本人も意識していなかった問題点にも対応することのできる遺言書文案を作成することが可能です。

2　種類株式による場合

　種類株式を利用して、会社に対する一定の関与をオーナーに留保す

る方法としては、議決権制限種類株式、拒否権付種類株式、及び定款の属人的定めの利用が考えられます。

(1) 議決権制限種類株式

議決権制限株式とは、株主総会において議決権を行使することができる事項について、全部又は一部が制限された株式です。この議決権制限種類株式を発行して、後継者に引継がせ、オーナーは依然として議決権のある株式を保有することが考えられます。この場合、オーナーが保有する株式の分散を防止するために、取得条項付種類株式にするか、遺言等の承継手段を別途講じる必要があります。

(2) 拒否権付種類株式

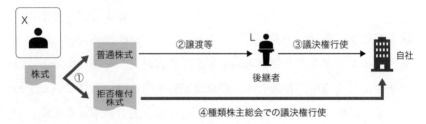

拒否権付種類株式とは、株主総会や取締役会において決議すべき事項について、その決議のほかに、この種類株式に係る種類株主総会の決議を必要とする種類株式です。

オーナーに拒否権付種類株式（いわゆる黄金株）を取得させることが考えられます。これにより、定款で定めた事項については、株主総

会での決議の他に、オーナーによる種類株主総会での決議が必要になります。気をつけるべきなのは、オーナーが取得した拒否権付種類株式も相続の対象となりますし、オーナーが認知症になるなどして種類株主総会での決議ができなくなってしまうことがあり得ることです。そのような場合に備えて、同時に取得条項付種類株式としておき、オーナーの死亡時や一定の判断能力低下が認められるときに強制的に会社が取得できるようにしておかなければなりません。

(3) 定款の属人的定めによる場合

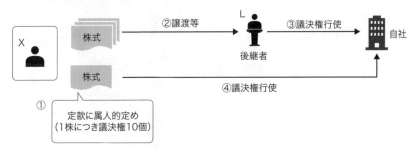

　公開会社でない会社（全部の株式について譲渡制限の定めを定款にしている会社）は、株主総会における議決権について株主ごとに異なる取扱いを行う旨を定款で定めることができます。たとえば、オーナーが保有する株式の大部分を後継者へ移転させるのと同時に、オーナーが保有する残りの株式について、株主総会における議決権数が後継者へ移転させた株式の議決権数を上回るようにしておくことで株主総会での多数派を維持することができます。オーナーの属人的定めですので、オーナーの判断能力低下や死亡の際に、その株式の株主総会における議決権がどうなるかについても定款に定めることになります。種類株式との違いとして、変更登記手続を要しないことや、株主総会での決議要件がより厳しいこと（原則、総株主の半数以上であって、総株主の議決権の4分の3以上の多数。）が挙げられます。

3 信託による場合

信託を利用して、会社に対する一定の関与をオーナーに留保する方法としては、委託者による信託の終了や受託者変更権限の定め、及び指図権の定めの利用が考えられます。

(1) 委託者による信託の終了や受託者変更権限の定め

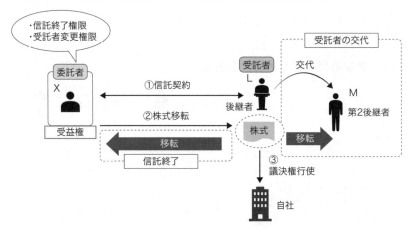

自社株式を信託すると、その自社株式は受託者の所有となり、受託者が株主になります。後継者を受託者とすれば、信託期間中、後継者が株主として株主総会において議決権等を行使します。このとき、信託契約に別段の定めをすることにより、オーナーにおいて後継者が不適任であると判断した場合には、信託を終了させ自社株式をオーナーに取り戻したり、受託者を変更して他の後継者候補に事業を引継がせたりすることができるようにすることができます。もっとも、このように信託の終了事由や受託者の任務終了事由(変更事由)を、信託契約にて定めることができますが、一旦実行した後継者への承継をオーナーの一存のみで撤回することができるようにすることが実際上適切かどうかは、後継者のモチベーションや経営の安定性への影響等についての慎重な判断を要するでしょう。

(2) 指図権の定めをする信託

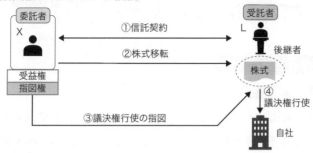

　受託者（後継者）による株式の権利行使について、受託者（後継者）がオーナーによる指図にしたがわなければならない旨を信託契約に定めることも考えられます。指図にしたがうべき権利行使の範囲も信託契約に定めます。もっとも、このような指図をする権限（指図権）は信託法その他の法令においてその内容等に関する規定がありませんので、権限の内容等については信託契約に十分な定めを置かなければなりません。また、事業承継という目的に反する指図がされた場合に、受託者はそれにしたがわなければならないかという点が問題になります。オーナーが指図権を有する場合、企業価値を毀損するような指図がなされることはあまり想定されませんが、当初、親族内承継を見込んで信託を設定したものの、親族後継者の不適任がオーナーに明らかになるなどして、第三者への売却（M&A）の適否を検討するという状況では、オーナーと後継者の意見の対立も生じ得ます。そのような場合に、指図をするオーナーと株式を持つ後継者（受託者）との間で、どちらがイニシアティブを取るか、それを前提にしてどのような信託契約の定めをするかを検討しなければなりません。

　また、オーナーが認知症等により判断能力を低下させた後に適切な指図を期待することができない状況になっても、受託者がその裁量で株式の権利を行使することができるようにするために、指図権については、そのような状態になったとき（たとえば、正常な判断をするこ

とができない程度である旨の医師の診断書が出たとき等）には指図権が消滅する旨を信託契約に定めておくことも考えられます。

税務からのアプローチ

1　遺言による場合

　遺言の利用によって税負担は変わりませんが、自社株式の承継者を明確にすることにより後継者争いを避けることができ、事業承継税制の適用をスムーズに行えるといったメリットが期待できます。

2　種類株式による場合

(1)　議決権制限株式

　相続等により取得した種類株式の評価については、国税庁が情報として「種類株式の評価について」を公開しています。それによれば、無議決権株式を発行している会社の無議決権株式及び議決権のある株式は、原則として議決権の有無を考慮せずに評価することとし、選択によって無議決権株式の評価を5％減額し、議決権株式を5％上乗せした金額により評価することもできるとしています。無議決権ではなく、議決権が制限された株式の評価方法については明記がありませんが、基本は原則どおり議決権のある株式と同様に評価することになると考えられます。

(2)　拒否権付株式

　拒否権付株式の評価については、前述の情報「種類株式の評価について」において拒否権の有無にかかわらず普通株式と同様に評価するとされています。

(3)　定款の属人的定めによる場合

　定款に属人的定めを定めた株式の評価については、前述の情報「種

類株式の評価について」では明記がありません。しかしながら、属人的な定めが議決権に関するものである限り、議決権の有無を評価に影響させないという無議決権株式の評価の原則にしたがい評価することになると考えられます。

(1)から(3)までの種類株式に関する課税関係を前提に、法務面で紹介された各対策に係る税務の取扱いをみますと、オーナーから後継者へ譲渡等した株式については議決権の有無にかかわらず評価を行い、後継者が支払った対価が相続税評価額に満たない場合又は対価を支払わずに取得した場合には、その相続税評価額と対価との差額につき後継者に対し贈与税が課税され、対価を受け取ったオーナーには譲渡対価と取得費との差額につき株式等の譲渡所得として所得税等が課されます。

3 信託による場合
(1) 委託者による信託の終了や受託者変更権限の定め

委託者が受託者へ自己株式を信託した場合には、委託者が受益者である限り税務上は委託者が自己株式を持ち続けているとみなされますので税負担は生じません。委託者が信託を終了させその財産を自分に戻したとしても当然に税金は発生しませんし、受託者の変更により信託財産の管理者が変更された場合も同様です。なお、信託の受託者に税金は発生しませんが、受託者は毎年1月31日までに法定調書の一種である「信託の計算書」を税務署へ提出する義務があります。「信託の計算書」には、前年12月31日時点の信託にかかる資産、負債、前年中の信託財産に帰せられる収益や費用等を記載します。信託の1年間の収益の額の合計額が3万円以下である受益者については「信託の計算書」の提出が不要となりますので、配当を出さない会社である場合には提出が不要です。

第2章 親族内承継（Step2-1）

(2) 指図権の定めをする信託

税務面での留意点は(1)と同様です。

信 託 の 計 算 書

（自　　年　月　日至　　年　月　日）

信託財産に帰せられる収益及び費用の受益者等	住所(居所)又は所在地	
	氏名又は名称	番号
元本たる信託財産の受益者等	住所(居所)又は所在地	
	氏名又は名称	番号
委託者	住所(居所)又は所在地	
	氏名又は名称	番号
受託者	住所(居所)又は所在地	
	氏名又は名称	（電話）
	計算書の作成年月日	年　月　日　番号

※番号欄に個人番号（12桁）を記載する場合には、右詰で記載します。

信託の期間	自　年　月　日 至　年　月　日	受益者等の異動	原因	
信託の目的			時期	

受益者等に交付した利益の内容	種類		受託者の受けるべき報酬の額等	報酬の額又はその計算方法	
	数量			支払義務者	
	時期			支払時期	
	損益分配割合			補てん又は補足の割合	

収益及び費用の明細

収益の内訳	収益の額（千円）	費用の内訳	費用の額（千円）
収益		費用	
合計		合計	

資産及び負債の明細

資産及び負債の内訳	資産の額及び負債の額（千円）	所在地	数量	備考
資産				
合計		(摘要)		
負債				
合計				
資産の合計－負債の合計				

整理欄	①	②

5 承継者は決まっているが、複数の相続候補者がいる場合の対応①～資産を多く保有している場合

> **ケース4**　X社は創業100年の老舗です。経営状態は良好であり、直近の決算書上の純資産額は約5億円です。X社の株式は、A社長が80％、A社長の妻が20％を保有しています。
> 　後継者は長男Bということで決定していますが、長男Bの他に非後継者の二男Cがいます。どのような手順で承継を進めていけば良いでしょうか。なお、A社長には、X社の株式以外にも多数の私財を保有しています。

回答　法律的な観点では、自社株式の譲渡に伴う非後継者との間の相続トラブルが大きな懸念となります。

自社株式について、生前贈与によってBに譲渡したり、遺言によってBに相続させたりすることによって、いわゆる遺留分に関するトラブルが生ずる可能性があるためです。

このトラブルを回避するには、非後継者の遺留分を侵害しない形で自社株式を承継させる必要があります。

また、高齢化等により、経営者の判断能力が低下してしまうと、対策がとれなくなる場合もありますので、注意が必要です。

法務からのアプローチ

1　事業承継における資産の承継で最も重要なのは自社株式の譲渡です。親族内において、この自社株式を有償で譲渡するケースは少なく、通常は無償で譲渡することになります。具体的には、生前贈与又は遺言による承継です。

2　しかし、このような無償による後継者への株式譲渡は、非後継者の遺留分を侵害する可能性があります。

遺留分の割合については、たとえば、子が相続人となる場合には、法定相続分の2分の1が遺留分割合となり、子3名が相続人となる場合には、子1名ごとの遺留分は6分の1（3分の1×2分の1）となります。

【事業承継関連法の解説】

遺留分：相続人（兄弟姉妹及びその子を除く）に最低限度の相続権（割合）を保障（目的：遺族の生活保障、相続人間の最低限の公平の確保などが目的）
遺留分減殺請求権：相続した財産が自分の遺留分より少ない場合、無償で多額の財産を取得した者から取り戻す権利

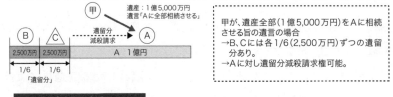

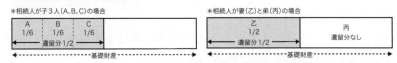

（出典：中小企業基盤整備機構「事業承継関連法の解説」（2013年））

3　遺留分を侵害した株式譲渡について、現行の民法において遺留分減殺請求権が行使されると物権的な効力が生じますので、遺留分を侵害した譲渡にかかる株式について、遺留分権者には、遺留分割合に応じた持分権が生ずることになります。

一方、改正が予定されている民法（第2章■、第6章■参照）においては、物権的な効力は生じず、金銭請求権化されることになっているため、株式自体の帰属割合に影響は生じないことになります。

ただし、いずれにしても遺留分を侵害しないことがトラブル回避の方法と言えます。

4　まず、遺留分を侵害しないためには、バランスよく遺産を分配することが第一です。即ち、自社株式や事業用資産については、後継者に譲渡する必要がありますが、他の非事業用資産（預貯金等）については、遺留分の割合に鑑みて、他の非後継者に対して分配することが考えられます。分配の時期については、生前に贈与することも考えられますし、遺言書において資産の分配について定めておくことも考えられます。

　また、民法特例を用いて、事業承継における資産の承継で最も重要な自社株式について、遺留分の対象から除外する等特別な扱いをすることも1つの方法です。これにより、少なくとも、自社株式については遺留分トラブルの対象となることはありません。詳細は第6章3を参照してください。

　なお、民法上、遺留分の放棄という制度もありますが、非後継者が自ら放棄を申請し、かつ、家庭裁判所の許可を得る必要がありますので、あまり現実的ではありません。

5　以上のほか、株式を保有する経営者の判断能力が低下してしまい、意思能力又は行為能力が制限されてしまうと、そもそも、株式を譲渡したり、遺言を書いたりすることができなくなる場合があります。

　その場合に備えて、任意後見契約を活用したり、成年後見制度を用いたりすることはあり得ますが、あくまで、経営者本人の財産を保護することが目的の制度になりますので、必ずしも事業の承継にとって最善の解決が導かれるかどうかは分かりません。

　したがって、経営者の判断能力が低下する前に、速やかに資産の承継を進めることがポイントになります。

税務からのアプローチ

1 生前に譲渡する場合

　オーナーが自社株式を後継者に相続税評価額により売却した場合、後継者に贈与税はかかりませんが、後継者には購入のための金銭の調達が必要となります。また、自社株式を後継者に売却したオーナーには対価と取得価額の差額について、株式等の譲渡所得として所得税等がかかります。

　また、オーナーが相続税評価額よりも低い価格で売却した場合、自社株式を取得した後継者に対し贈与税が課されます。贈与税は相続税と同様に累進課税となっており、最高税率こそ相続税と変わりませんが税率の累進度合いは相続税よりも大きく基礎控除額も小さいことから、あえて贈与税を支払って生前に自社株式を承継するのは次のようなケースに限られると考えられます。

(1) 相続税率よりも贈与税率が低くなる場合

　複数年に分けて少しずつ贈与を行うことで、110万円の贈与税の基礎控除額を利用しつつ贈与税の税率が累進的に上がる前の低い税率で贈与することを目的とします。時間をかけることにより多額の株式を移転することができますが、株価は毎年変動しますので、毎年財産評価基本通達に基づいて非上場株式の株価の算定をする必要があります。また、相続開始前3年以内の被相続人からの贈与については相続税の計算に持戻されてしまうため贈与の効果がなくなってしまいます。

(2) 株価の上昇が見込まれるケース

　業績が右肩上がりで相続までの間に株価の上昇が見込まれる場合に、株価の比較的低い時期に承継することを目的とします。株価の上

昇前であっても多額の株式を贈与することで累進により高率の贈与税が課せられそうな場合には、相続時精算課税制度の適用を受けることにより、その贈与について20％の贈与税を支払っておき、相続の際に相続税で改めて精算することが可能です。相続時精算課税の適用を受けた株式の評価は贈与時の評価額で相続税の計算に持ち戻される（すでに支払った贈与税は控除を受けられる）ため、目的の効果を得ることができます。ただし、一度相続時精算課税の適用を受けることとした対象者から受ける贈与については、以後毎年110万円の基礎控除が使える暦年贈与とすることができないため注意が必要です。

(3) 株価が一時的に下がったケース

大不況等により上場株式全体の株価が大きく下がり類似業種評価額が低くなったタイミングや、退職金の支払い等自社に臨時的な損失が生じて株価が一時的に大きく下がったタイミングで承継することを目的とします。(2)と同様に贈与税の負担が重い場合には、相続時精算課税の選択も検討に値します。

(4) 事業承継税制の適用を受けるケース

事業承継税制の適用により贈与税の納税猶予を受けることが可能であれば贈与税の負担なく、自社株式の贈与を行うことができます。

2 相続又は遺贈により移転する場合

相続又は遺贈により自社株式を承継した後継者には相続税が課されます。株式の評価額は多額になることがあり、株式を承継した後継者がその株式承継の結果として他の相続人の遺留分を侵害してしまうこともありえます。遺留分について争いが起き、相続税の申告時点で遺留分減殺請求に基づく財産の給付額が確定している場合には、その結

果を取り込んで申告書を提出します。相続税の申告時点で他の相続人から遺留分の減殺請求が見込まれるが請求がまだない場合や請求があったものの給付額が確定していない場合には、後継者はそのまま申告を行います。申告期限後に遺留分減殺請求に基づき、返還すべき財産又は弁償すべき債務が確定した場合には、その返還する財産の価額又は弁償した金額だけ後継者の相続財産が減少しますので、遺留分減殺請求が確定したことを知った日の翌日から4か月以内に限り、相続税の更正の請求を行うことができます。遺留分減殺請求に基づき財産の取得又は弁償金を受け取った他の相続人は、相続税の期限後申告書又は修正申告書を提出し、取得した遺留分に対応する相続税を納付することになります。

6 承継者は決まっているが、複数の相続候補者がいる場合の対応②〜会社資産以外にあまり資産を有していない場合

> **ケース5**
> X社は創業100年の老舗です。経営状態は良好であり、直近の決算書上の純資産額は約5億円です。X社の株式は、A社長が80%、A社長の妻が20%を保有しています。
> 後継者は長男Bということで決定していますが、長男Bの他には非後継者の二男Cがいます。どのような手順で承継を進めていけば良いでしょうか。なお、A社長には、X社の株式以外にはほとんど私財を保有していません。

回答 法律的な観点では、自社株式の譲渡に伴う非後継者との間の相続トラブルが大きな懸念となります。特に、経営者が自社株式以外の私財を保有していない場合には、自社株式について遺留分に関するトラブルが生ずる可能性が高いと言えます。

このトラブルを回避するには、非後継者の遺留分を侵害しない形で自社株式を承継させる必要があります。

また、高齢化等により、経営者の判断能力が低下してしまうと、対策がとれなくなる場合もありますので、注意が必要です。

法務からのアプローチ

1 事業承継における資産の承継で最も重要なのは自社株式の譲渡です。親族内において、この自社株式を有償で譲渡するケースは少なく、通常は無償で譲渡することになります。具体的には、生前贈与又は遺言による承継です。

2 しかし、このような無償による後継者への株式譲渡は、非後継者

の遺留分を侵害する可能性があります。その点は上記本章**ケース4**のとおりです。

3 この点、会社資産以外にあまり資産を有していない本件の設例の場合、遺留分を侵害する可能性が高くなります。改正後の民法であっても、遺留分の侵害があれば、侵害した遺留分に係る金銭を支払う必要が生ずるため、相続後のトラブルが避けられないうえ、現実的に後継者には遺留分に係る金銭請求に対応するための資金が必要となります。

4 このため、まずは、できる限り遺留分を侵害しないよう、前記本章**ケース4**のとおり、バランスよく遺産を分配することが第一ですが、株式以外の資産がほとんどないために、分配が難しい場合には、民法特例を用いて、事業承継における資産の承継で最も重要な自社株式について、遺留分の対象から除外する等の特別な扱いをすることも1つの方法です。これにより、少なくとも、自社株式については遺留分トラブルの対象となることはありません。詳細は第6章**3**を参照してください。

　また、議決権制限種類株式等の種類株式を発行して、非後継者に議決権のない株式を取得させる等の方法も考えられます。

　なお、遺留分の放棄という制度もありますが、非後継者が自ら放棄を申請し、かつ、家庭裁判所の許可を得る必要があるうえ、そもそも、非後継者に生前贈与等が行われていなければ、家庭裁判所の許可が得られない可能性も高いと思われます。

5 上記とは異なり、経営者が生前贈与や遺言による承継の準備を行っておらず、経営者が死亡後に遺産分割を余儀なくされるケースもあります。

　この場合、遺産分割が成立するまでの株式は法定相続人間において共有されている状態となるため、会社の経営が不安定となってし

まいます。そのため、出来る限り、遺産分割とならないよう事前の準備が重要ですが、仮に遺産分割となった場合には、後継者が株式を承継するために、代償分割（承継する株式の代わりに金銭を他の相続人に分割する）することが考えられます。

当然、代償となる金銭が必要となりますが、後継者が相応の財産を保有している場合は当該財産から捻出することになると思われますし、仮に資金の捻出が困難な場合には、株式を金庫株として会社に譲渡したり、会社から金員を借り入れる等の方法により解決することもあり得ます。

6　以上のほか、株式を保有する経営者の判断能力が低下してしまい、意思能力又は行為能力が制限されてしまうと、そもそも、株式を譲渡したり、遺言を書いたりすることができなくなる場合があります。

その場合に備えて、任意後見契約を活用したり、成年後見制度を用いたりすることはあり得ますが、あくまで、経営者本人の財産を保護することが目的の制度になりますので、必ずしも事業の承継にとって最善の解決が導かれるかどうかは分かりません。

したがって、経営者の判断能力が低下する前に、速やかに資産の承継を進めることがポイントになります。

税務からのアプローチ

自社株式を後継者に承継する場合、遺留分減殺請求があった場合の課税関係は**ケース4**を参照していただき、ここでは、オーナーは会社資産以外の財産をあまり持っていないが後継者が資金を工面し、自社株式の相続と引き換えに他の相続人に対して別の財産を交付する代償分割を行う場合と株式を相続した後継者が会社にある現預金を相続に活用するため自社株式を会社に買い取ってもらう場合（金庫株の買い取り）の課税関係を解説します。

第2章 親族内承継（Step2-1）

1 代償分割を行う場合

　後継者は相続により自社株式を承継する代わりに他の相続人に対して金銭又は自己の所有する他の財産を交付します。後継者が十分な資金を持っていない場合には、オーナーを被保険者とした生命保険に入り後継者を保険金受取人としておくことや借り入れすることが一般的です。代償分割を行った場合、後継者の相続税の課税価格は相続又は遺贈により取得した財産の価格から代償財産の価額を控除した金額となり、代償財産の交付を受けた他の相続人の課税価格は相続又は遺贈により取得した財産と交付を受けた代償財産の合計額となります。後継者が代償財産として自己で所有する財産を渡した場合には、その渡した時点の時価でその資産を譲渡したことになり、所得税等が課税されます。

2 金庫株買い取りを行う場合

　後継者が納税資金又は代償分割のための資金を捻出するため、相続した株式を金庫株として会社に買い取ってもらった場合、次の2つの特例を受けることができます。

(1) 譲渡対価の全額を譲渡所得の収入金額とする特例

　個人が株式を金庫株として発行会社に買い取ってもらった場合には、その対価の全額が株式等の譲渡所得に係る収入金額になるのではなく、その対価は出資の返還と剰余金の配当の合わさったものとみなされ、出資の返還部分と取得費との差額が株式等の譲渡所得になり、配当とみなされた部分は配当所得に該当します。非上場株式に係る配当所得は総合課税として所得税が累進でかかりますので、金額次第で税負担が多大になることが難点です。しかしながら、相続又は遺贈により財産を取得して相続税を課税された人が、相続の開始があった日

の翌日から相続税の申告書の提出期限の翌日以後3年以内に、相続税の課税対象となった非上場株式をその発行会社に譲渡した場合には、対価の全額が株式等の譲渡所得に係る収入金額とされ、取得費との差額に対し20.315％の所得税等の負担で済ますことが可能です。

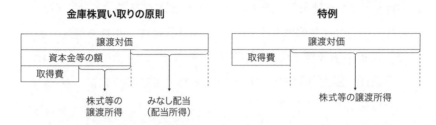

(2) 相続税額を取得費に加算する特例

(1)で株式等の譲渡所得を計算するにあたって、相続の開始があった日の翌日から相続税の申告書の提出期限の翌日以後3年以内であれば、その非上場株式の相続又は遺贈によりかかった相続税額に相当する部分を取得費に加算して計算することができます。

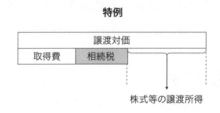

(1)、(2)の特例を利用することにより、税負担を抑えた上で株式を現金化することができ、後継者の手元に十分なキャッシュがない場合でも、会社に潤沢なキャッシュがあればそれを活用することが可能となります。なお、金庫株の買い取りは会社の剰余金の分配可能額の範囲内に限られますので剰余金が十分にない会社では減資等が必要です。

7 グループ会社（複数の会社）を承継させたい場合の対応

ケース6　A社長は、若くして創業し、現在までにX社、Y社、Z社という3社を経営しています。経営状態はいずれも良好であり、直近の決算書上の純資産額は、それぞれX社が5億円、Y社が3億円、Z社が1億円です。それぞれの会社の株式は、全てA社長が保有しています。

後継者は長男Bということで決定していますが、これらのX社、Y社、Z社の3社をそれぞれ承継させるのではなく、グループ化したうえで承継させたいと考えていますが、どのような方法がありますか。

回答　経営者が複数の会社を経営している場合、各会社の株式を後継者に譲渡する方法、持株会社を設立して各会社を子会社とする方法、また、持株会社を一般社団法人等とする方法があります。

法務からのアプローチ

1　先代が複数の会社を経営している場合、それらの会社を後継者に承継させたいとすれば、どのような方法があるでしょうか。

2　まず考えられるのは、各会社の株式をそれぞれ後継者に譲渡するという方法です。

ただし、たとえば、各会社の総務経理部門等については、1つの会社で一括して業務を行った方が効率化を図れる場合が多く、そのような際には、持株会社を設立し、その各会社をその子会社とすることが考えられます。

3 具体的に持株会社を設立するためには、新会社を設立したうえで新会社が各会社の株式を譲り受ける方法や、会社法上の株式移転・株式交換を用いる方法が考えられます。

4 また、将来の相続税等に係る税務上のメリットを得るため、持株会社を株式会社ではなく、一般社団法人又は一般財団法人とすることも考えられます。

　一般社団法人は、「人の集まり」を法人化したもので、2名以上の社員が設立するものです。また、一般財団法人は、「財産の集まり」を法人化したもので、設立者が300万円以上の財産を拠出して設立するものです。いずれの法人も、株式会社の株式に当たる持分の概念がないという特徴があります。

税務からのアプローチ

1　株式購入型の持株会社化

　新しく持株会社を設立し、新会社がAから株式を買い取り、持株会社化します。この場合、新会社はX社、Y社、Z社の株式を時価により取得しなければならず、新会社は株式購入のため多額の資金を調達する必要があります。また、AはX社、Y社、Z社株式の売却につき、その対価と取得費との差額につき株式等の譲渡所得として所得税等が課されます。譲渡対価が時価に満たない場合には、低額譲渡としてAが時価で譲渡したものとみなされ所得税等が課税される可能性がありますので注意が必要です。

2　組織再編による持株会社化

　株式移転により新たにHD社がX社、Y社、Z社の親会社となり、AはX社、Y社、Z社の株式に替え新たにHD社の株式を持つことになりますが、HD社株式の取得及びX社、Y社、Z社の株式を手放す

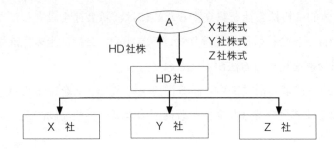

ことでAに税金は発生しません。また、100%グループ内の株式移転であるため、X社、Y社、Z社が保有する資産の含み益に対して課税されること等もありません。

詳細については、第6章 6の「3 株式移転による持株会社設立」を参照してください。

このほか会社分割による持株会社化の方法もあり、株式移転と同様に税務上適格であれば含み益等への課税が起きません。

3 一般社団法人等を活用する場合

持株会社として一般社団法人又は一般財団法人（以下、「一般社団法人等」と言います。）を設立し、Aが保有するX社、Y社、Z社を移転します。株式を時価で譲渡する場合については、**1**と同様の課税関係が生じます。

株式を贈与又は遺贈により一般社団法人等に承継した場合、贈与又は遺贈をしたAは株式を時価で譲渡したものとみなされ、時価と取得費との差額について株式等の譲渡所得として所得税等を課されます。一方、一般社団法人等においては、贈与又は遺贈を受けた株式の時価に相当する金額に対し法人税等が課されます。ただし、一般社団法人等が後記に掲げる非営利性が徹底された法人や共益的活動を目的とする法人に該当する場合には、法人税の課税対象が収益事業に限定されるため、株式の受贈について法人税等が課税されません。

7 グループ会社（複数の会社）を承継させたい場合の対応

類　型	要　件
①非営利性が徹底された法人 （法人税法2条9号の2イ、法人税法施行令3条1項）	1　剰余金の分配を行わないことを定款に定めていること。 2　解散したときは、残余財産を国・地方公共団体や一定の公益的な団体に贈与することを定款に定めていること。 3　上記1及び2の定款の定めに違反する行為（上記1、2及び下記4の要件に該当していた期間において、特定の個人又は団体に特別の利益を与えることを含みます。）を行うことを決定し、又は行ったことがないこと。 4　各理事について、理事とその理事の親族等である理事の合計数が、理事の総数の3分の1以下であること。
②共益的活動を目的とする法人 （法人税法2条9号の2ロ、法人税法施行令3条2項）	1　会員に共通する利益を図る活動を行うことを目的としていること。 2　定款等に会費の定めがあること。 3　主たる事業として収益事業を行っていないこと。 4　定款に特定の個人又は団体に剰余金の分配を行うことを定めていないこと。 5　解散したときにその残余財産を特定の個人又は団体に帰属させることを定款に定めていないこと。 6　上記1から5まで及び下記7の要件に該当していた期間において、特定の個人又は団体に特別の利益を与えることを決定し、又は与えたことがないこと。 7　各理事について、理事とその理事の親族等である理事の合計数が、理事の総数の3分の1以下であること。

　このほか一般社団法人等には持ち分の所有者がいないことから、株式のようにオーナーの代替わり時に相続税や贈与税が課されることがありません。このような特徴を利用した相続税、贈与税の課税回避を防止するため次のような課税回避防止規定が存在しますので注意が必要です。

(1)　持ち分の定めのない法人に対する課税
　一般社団法人等が贈与又は遺贈を受けた場合には取得した財産の時価に対し法人税等が課されますが、その贈与者又は遺贈者の親族等の贈与税や相続税が不当に減少する場合には、その法人が個人とみなされて贈与税又は相続税が課されます。この際、一般社団法人等が既に

支払った法人税は控除することが可能です。

(2) 持ち分の定めのない法人から受ける利益に対する課税

施設の利用や解散した場合の財産の帰属等について社員、理事、その法人に贈与をした者やその親族等に対して利益を与える一般社団法人又は一般財団法人に対して贈与又は遺贈があった場合には、その法人から特別の利益を受ける者に対し贈与税又は相続税が課されます。

(3) 特定の一般社団法人等に対する課税

また、平成30年度の税制改正により、理事の過半数が同族である一定の一般社団法人等の理事が死亡した場合には、その一般社団法人等に対して相続税が課されるようになりました。

4 事業承継税制を活用する場合

持株会社の目的が株式の保有のみで事業を行っていない場合には、資産管理会社に該当し、事業承継税制の適用対象外となってしまう可能性があります。事業承継税制の適用を受けるためには、第6章 6 の4「株式交換による親子関係の逆転」を参照してください。

第3章

親族外承継
Step 2-2

Chapter 3

第3章 親族外承継（Step2-2）

1 はじめに

法務からのアプローチ

　中小企業において、企業内に後継者候補となる親族がいない場合には、親族外に後継者を求めることとなり、具体的には会社の幹部役員や幹部従業員が対象となります。企業内に親族がいない企業は多く、年々、このような親族外承継の割合が多くなっているようです。

　親族外承継を検討する場合、次期後継者が社内において明確になっていない場合には、後継者争いが生じて会社が2つに割れてしまうという事態を引き起こしかねないため、予め一定の時間をかけて環境整備をしていくことが重要となります。

　親族外承継の場合によく問題となる事項は、①候補者選定とその環境作りのほか、②現在のオーナー経営者が株式について後継者に譲渡する場合の譲渡代金に関する問題、③オーナー経営者が株式を保持し続ける場合における経営者とオーナー家の関係調整の問題、④経営者保証の引継ぎの問題などがあります。いずれも大きな問題ですので、一定の時間をかけて計画的に対応する必要があります。

【親族外承継のフロー】

```
        現経営者による経営者候補者の決定
           ⇩                    ⇩
次期後継者候補者のための社内環境整備    株式を譲渡する場合
（例）・副社長等の重要ポストに抜擢する    ・株式価額の決定
　　　・重要案件の責任者にする           ・譲渡代金の準備
　　　・会社運営に関わる部署を統括させる
　　　・取引先に紹介して顔つなぎをする　など
           ⇩
        代表者選任手続（経営者保証に対する対応）
```

なお、一定の時間をかけて計画的に進めることができなかった企業においては、後継者を短期間に決めて承継手続を進めることになりますが、その場合において、経営者保証の引継ぎの問題が障害となることがあります。すなわち、十分に経営者となる心構えがないままに候補者となった幹部従業員において、会社が負っている負債の大きさに驚くだけでなく、その負債を自らが保証しなければならない負担に耐えられず、結局は後継者となることを辞退するというケースが生じています。「経営者保証に関するガイドライン」での対応も視野にいれながら対処することになります。

税務からのアプローチ

現在のオーナー経営者が後継者に株式を承継させる場合には、課税関係についても事前に理解しておく必要があります。

親族外承継の場合には、株式を贈与により承継させるか譲渡により承継させるかいずれかの方法になります。贈与の場合には、受贈者において課税が生じるかどうか、また、納税資金が事前に用意できるかを考えなければなりません。一方、譲渡の場合には、いくらで譲渡するかが一番重要になってきます。適正な時価で譲渡しなければ後継者側で思いも寄らぬ税金が課される場合があり、そもそも適正な時価をどのように決定するかを考えなければなりません。

また、承継しやすい環境整備をしていく中で、会社の所有資産の移転が行われる場合の課税関係も理解しておく必要があります。

2 複数の後継者候補者がいる場合の対応

ケース1

運送業を創業以来40年営んできたX社は、創業者社長Aが70代半ばとなり社内の幹部従業員に社長の地位を譲ることを考えています。候補者は運送業の現場責任者であるB（45歳）のほか、資金繰りなどを担当する管理畑の責任者であるC（50歳）、さらに副業として10年前から始め、最近は本業の運送業よりも利益を出している不動産事業部の責任者D（43歳）の3人です。社長AはBを次期社長と考えています。どのような準備・対応をすべきでしょうか。

回答

候補者3人のうち一番の年長はCですので、Bを次期社長としようとしている場合には、Cへの配慮が必要となる場合があります。職場の状況やそれぞれの候補者の個性に左右される部分が多くなりますが、Aとしては、時間をかけてBが次期社長であることを徐々に会社内外に明示しつつ、Bに経営者としての自覚と他の候補者との協調を促し、年長者のCを立てながら経営を行うことができる努力を積み重ねさせることが必要となると思われます。また、仕事の上での実績もあり年齢も近いDとBとの関係も微妙になりがちです。調整が難しいような場合には、会社分割等によって、不動産事業部を独立の企業とすることで2つの事業を伸ばしていくことを検討する場合もあります。

法務からのアプローチ

1 親族外承継における人間関係調整の重要性

親族外承継においては、誰を後継者とするかという選定において難しい問題が生ずることが多くありますが、後継者候補者を1人に決め

た後においても、他の従業員との関係においては、一定の時間をかけて後継者であることを周囲に認知させ、同時に当該候補者においても経営者としての覚悟と力量をつけていく必要があります。

また、後継者候補者の育成のみならず、他の幹部社員等への対応や会社組織全体の見直しも併せて行うことで、次期経営者が経営し易い企業環境を構築することが可能となります。

なお、平成30年度税制改正による事業承継税制においては、「特例承継計画」を作成して平成35年3月31日までに都道府県に届出を行うことになりますが、後継者をまだ公表していない段階で同計画書に後継者名を記載して届出を行う場合には、届出において、その記載内容が社内に情報として流れないように留意する必要があります。

2 複数の後継者がいる場合の対応

(1) 会社内での分社化(社内カンパニー制)

説例のように運送業のほか不動産事業部があり、それぞれ同じような年齢のリーダーがいるような場合、現在においては創業者オーナー社長がその上において統率しているからこそまとまっている訳ですが、創業者オーナー社長が引退した場合には、同じ組織内において2つの事業を束ねていくことが難しくなる場合があります。そのため、会社内において、あたかも別々の会社(カンパニー)のように現場を中心として組織を作るやり方が功を奏する場合があります。

カンパニー制は人事や予算においても各カンパニーにおいて独自性をもって運営する形であり、上場企業においては1994年にソニーが初めて導入したと言われております。組織が大きい場合にはコンプライアンスが及びにくいなどの弊害も指摘されていますが、中小企業において透明性を保ちながら、それぞれの事業についての経営の独立性を保持して行くことは有効な選択肢の1つであると思われます。

【カンパニー制を導入した場合】

たとえば、運送事業と不動産事業の予算は半々ずつと決め、その内容や人事はそれぞれのカンパニーが決める。DとBは2人とも代表取締役の肩書きを持ち、その上で取締役会にて会社全体の経営を実施する。

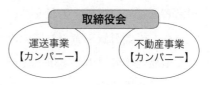

(2) 会社分割・事業譲渡

2つの同じような規模の事業がある場合、それぞれ独立の会社として分離することによって、力ある2人の経営者がお互いに制約されることなく自由に経営を行うことができるようになります。対外的な契約関係をそのまま承継できることから会社分割によることが多く行われますが、簡易かつ迅速に行う場合には新会社を設立して事業譲渡を行うことで対応することもあります。分離した2つの会社について、1人のオーナーがそれぞれの会社の株式を持つ兄弟関係としたり、または1つの会社が他の会社の株式を有する親子会社関係とするなどが考えられます。

【会社分割のケース】

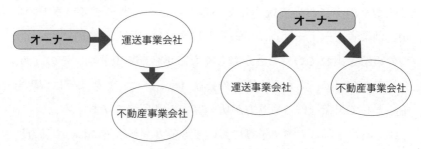

会社分割手続によって、不動産事業を新設会社に承継させると、その新設会社の株式をもとの会社（分割会社）が取得することで親子会社関係を作ることができます。さらにもとの会社（分割会社・運送事業会社）から新設会社（不動産事業会社）の株式をオーナーが買い取るか、またはもとの会社（分割会社・運送事業会社）の剰余金の配当等として新設

会社の株式をオーナーに交付することにより、運送事業会社と不動産事業会社はオーナーを株主とする兄弟会社関係となることができます。

事業譲渡においては、予め株主を誰にするか決めた上でその者から出資を得て会社を新設し、その後、その新設会社に事業を譲渡しますので、上記のような親子関係とすることも兄弟関係とすることも容易に行うことができます。譲渡対価の処理については、資金移動を行う場合のほか、一旦は未払金とした上で長期分割にて支払われる形とするなど適切な処理を行うことになります。

税務からのアプローチ

複数の後継者候補者がいる場合の準備・対応について、税務上のポイントは次のとおりです。

1　方針の決定

まず、後継者候補者にX社株式を承継させるか、させないかを検討します。

経営の移譲だけを行いX社株式を承継させない場合には、創業者社長であるA一族で株式を保有し続けることになり、その承継については親族内承継の手法に準じて一族内での相続対策を行います。

承継させる場合には、後継者候補者への贈与によるのか譲渡によるのか、譲渡するならばいくらで譲渡するかを決めなければなりません。これは、Aがいくらの資金が欲しいのか、そして後継者候補者がいくら代金を払えるのかという個別の事情が大きく関係します。適正な時価による場合の譲渡益課税の試算を行い、Aの納税資金の確保等の準備が必要です。

後継者候補者に資金がなくやむを得ずX社株式を贈与又は遺贈する場合には、後継者候補者の贈与税の負担を考慮します。この場合、後

継者候補者が事業承継税制の特例措置を適用することにより、税負担を軽減することができます。すなわち、新しい特例措置では後継者の最大3人までがその適用対象者とされており、各々が一定の要件を満たすことにより、X社株式を承継した際の贈与税や相続税について全額の猶予を受けることができます。いつどのような贈与又は遺贈を行うのか、後継者候補者に課税される贈与税額などを試算して、後継者候補者の税負担が無理のない範囲にあるかを検証します。

2 分社化の検討

複数の後継者候補者がそれぞれ安心して事業経営に取り組めるようにするため、各人ごとに別々の会社を承継させることも検討に値します。実務上利用される分社化手法には、会社分割と事業譲渡の2つがあります。どちらで行うか検討が必要となりますが、私法上の有利不利の他に税負担の多寡を比較考量しながら最適なものを実行することとします。

(1) 会社分割

税務上、会社分割には①分割型分割（分割により分割承継法人の株式が分割法人の株主に交付される場合）と②分社型分割（分割により分割承継法人の株式が分割法人に交付される場合）があり、①であれば兄弟会社を、②であれば親子会社を作ることができます。

①及び②いずれの場合であっても、分割により移転した資産負債については、原則として分割時に時価による譲渡があったものとして、移転した資産の譲渡益につき、分割法人で法人税が課税されます。また、①の場合であれば、株主で所得税が課税されます。

しかし、適格分割である場合には、移転した資産負債は帳簿価額による引継ぎ・譲渡をしたものとして所得の計算を行います。つまり、①及び②いずれの場合であっても分割時に課税されることはありませ

んので、その分割が適格分割の要件を満たすかどうかを事前に確認しておかなければなりません。

Aが後継者候補者に経営だけを移譲し株式の承継を行わない場合には、オーナー及びその一族から複数の後継者候補者に株式が移転しませんから、下図のように、会社分割の前後において完全支配関係が継続します。このような分割は、通常、適格分割に該当することとなり、課税関係は発生しません。

【当事者間の完全支配関係】　　【法人相互の完全支配関係】

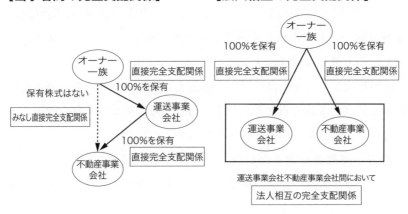

他方、会社分割した後にその分割承継法人の全株式を後継者候補者が取得する場合には、オーナー一族の継続保有要件を満たさないことになり、分割そのものが非適格になります。この場合、分割した資産の含み益が実現化し、課税関係が生じます。

分割による資産の移転は、消費税法上は資産の譲渡等に含まれないため、消費税は課税対象外となります。

また、不動産事業を切り出す会社分割を行うと、原則として、不動産の登録免許税及び不動産取得税が課税されます。このうち、不動産取得税については、適格分割につき非課税となる措置が用意されていますが、法人税法の適格要件と地方税法上の非課税要件は細かいとこ

ろで異なりますので、慎重に判断することが必要です。不動産の流通税負担が重いようであれば、切り出す事業を運送事業に切り替えることも検討に値します。

(2) 事業譲渡

事業譲渡によっても会社分割と同様にX社を2つの会社にすることができます。

税務上、事業譲渡は、単純に事業にかかる資産負債を譲渡するだけなので、原則としてその引渡しがあった日（土地、建物等の場合には、譲渡契約の効力発生日とすることも認められます。）にその譲渡益に対して法人税が課税されます。

Aが新設した会社に経営だけを移譲する場合、すなわち、後継者候補者が株式の承継を行わない場合には、100％グループ内の資産の譲渡となり、譲渡損益が繰り延べられます。

他方、後継者候補者が新設した会社に事業譲渡を行う場合には、100％グループ内の資産の譲渡にはならず、原則どおり、法人税が課税されることになります。

事業譲渡の場合には、資産を譲渡しているため、消費税は課税対象外とならず、この点も会社分割の場合の課税関係と異なります。また、不動産を譲渡する場合には、不動産にかかる登録免許税と不動産取得税が課税されます。

会社分割、事業譲渡いずれの方法であっても、オーナーの思いは実現できますが、課税関係が大きく異なるため、いずれの方法を取るべきかを事前に試算しておく必要があります。そして、当事者の資金的に実行可能な手法を選択し、その準備を行うことが大切になります。

3 オーナーチェンジを伴わない場合の問題

> **ケース2**　楽器製造業を創業以来60年営んできたX社は、堅調な事業経営により30億円もの資産を有する優良企業です。3代目社長Aが70歳となったことを契機として、専務取締役であるB（42歳）に社長の地位を譲ることになりました。AはX社の株式の36％を有していますが、その他の株式もオーナー家一族12人にて株式を有しており、Bに株式を譲渡することなく、そのまま保持し続けるつもりです。なお、X社は金融機関4行から合計10億円の借入があり、Aはその債務について連帯保証しています。Bが社長を引継ぐにおいて留意する点は何でしょうか。

回答　新社長Bは株主権を有していませんので、その経営においては常に株主を意識することになります。株主と信頼関係がある場合には自由に経営手腕を振るうこともできますが、専務取締役であったと言っても従業員に過ぎず、オーナー家との関わりは深くなく、Aが頼りの状態と考えられます。したがって、Aは、他の株主に対してBが信頼できることを説明し、経営を委託することに十分に理解をしてもらうよう働きかけを行うなどを行うことになります。BもA任せではなく、経営実績をきちんと報告するなどによって、株主の信頼を得られるような対応を工夫しながら経営にあたる必要があります。

さらに、X社は社歴が長く経営が安定している老舗企業ですが、オーナー一族13人が株式を保有し、今後もこの株主体制が継続する場合には相続等によって株式が分散することが予想されます。株式が分散した場合には安定した経営が困難となるリスクが増えることにもなりますので、BとしてはAと相談しながら、株式の分散がなされないよ

うに株主に働きかけ、場合によっては相続株を会社や他の株主において買い取ることなどの対応も検討することになります。

　また、Bが社長となる際に、金融機関からは会社の負債10億円についてBも連帯保証するよう求められることがあります。これまで従業員身分であったBがいきなり10億円の保証を負うことは心理的に抵抗があり、Bにおいてこれを拒みたいという意向がある場合には、Aは、金融機関に対して、「経営者保証に関するガイドライン」に基づき、これまでの負債の保証をBに求めないよう要請し、協議することになります。

法務からのアプローチ

1　親族外承継における株主との関係

　経営者は株主から経営を委託されていますので、株主の信頼を失った場合には、株主総会にて解任されてしまいます。よって、常に株主からの信頼を得るように留意することになります。ただし、あまり株主の意向ばかりを気にすれば、前社長の経営路線から外れることができず、新しい経営を自由に行うことができなくなります。よって、早期に株主の信頼を得て、自由に経営を行う環境を整える必要があります。そのため、前社長は株主一人一人に対して新社長を紹介し、その人柄や力量を説明するなどの工夫が必要となります。

　なお、残念ながら経営路線の意見の違いなどによって、株主と経営者が対立関係となってしまった場合には、最終的には経営者が退任するか、または経営者が株主から株を買い取るなどして解決を図ることになりますが、経営権を巡る紛争となったときには、話し合いが難しければ法的措置によって解決を図らざるを得ない場合も生じます[1]。

1　経営権を巡る紛争の対応については、経営紛争研究会『経営権争奪紛争の法律と実務Q&A』(日本加除出版、2017年) 参照。

2 相続等によって株式が分散しないための対応

　株式が分散した場合には、会社の重要事項について株主総会の特別決議を得ようとしても賛成票がなかなか集まらず、円滑な運営が阻害されかねません。また、多くの株主が経営にあまり興味がない状態であれば、会社の経営を乗っ取ろうとしてそれらの多数の株主を誘惑し、株主総会にて自らを取締役に選任するなどを画策する者が現れる危険もあります。

　したがって、相続が生じた場合には分散させないように株主に依頼することになりますが、遺産分割の状況によっては株式を分散せざるを得ないこともありますので、他の株主に遺産の株式を購入してもらう形で金銭解決を図ることを会社から相続人らに提案することも考えられます。そのほか、予め定款において、株主に相続が生じた場合には、会社がその相続人から株式を買い取ることができる旨を規定しておくことにより、会社が株式を買い取ることによって分散を防止することも考えられます（会社法174条・175条。相続人に対する売渡請求）。相続人に対する売渡請求においては、株主総会決議によって売渡請求の対象となる株式数、相続人の氏名を決めた上で、相続を会社が知った日から1年以内に請求することになります。この場合の株式買取価格は協議によってまずは決めることになりますが、裁判所に売買価格の決定を申立てることもできます（会社法176条・177条）。

3 経営者保証の承継問題

　事業承継が行われた場合、会社の負債に対して経営者が負っていた保証債務について、多くの場合、新経営者も保証を負うよう金融機関が求めて来ます。これまで従業員に過ぎなかった新経営者としては会社の負債の保証債務を負うことは極めて精神的に負担が多く、家族から激しい反対にあうことも多くあります。

第3章 親族外承継（Step2-2）

「経営者保証に関するガイドライン」の第6項「既存の保証契約の適切な見直し」において、事業承継の場合、金融機関は、「前経営者が負担する保証債務について、後継者に当然に引き継がせるのではなく、……保証契約の必要性等について改めて検討する……」とされています。この「経営者保証に関するガイドライン」は、経営者保証に関する中小企業団体及び金融機関団体共通の自主的自律的な準則ですが、平成25年6月14日に閣議決定された日本再興戦略においても位置付けがなされ、中小企業庁・金融庁の関与の下で、日本商工会議所と全国銀行協会が共同で設置した研究会にて策定されたものであり、金融機関においては遵守すべき準則となっています（全国銀行協会や金融庁のウェブサイトに掲載されています）。したがって、会社としては、「経営者保証に関するガイドライン」により、当然に新経営者が保証を引き継ぐこととはされていない旨を主張し、金融機関と交渉することになります。

税務からのアプローチ

経営権はAからBへ交代されておりますが、資産や負債の移転がないため、このケースについては課税関係について税務上留意する事項はありません。

なお、こうしたオーナーチェンジを伴わない場合で、経営権のみが移譲する場合には、Aに対する収入減の対策を別途検討しなければなりません。そこで考えられるのが、①配当により収入を確保する方法、②不動産賃貸により収入を確保する方法、③給与により収入を確保する方法のいずれかです。

①の場合は、代表取締役の際に受け取っていた役員報酬の代わりに配当で収入を確保します。ただし、役員報酬であれば給与所得控除により所得を抑えることができますが、配当については、受け取った配当金全てが配当所得として課税されることになるため、総合課税によ

り最大で約50％課税され、税負担が重くなります。また、配当財源がなければ配当できない点や他の株主にも同様に配当しなければならないため、なかなか採用しにくい手法です。

②の場合は、Aが代表取締役の際に、A所有の個人資産をX社に低額で賃貸していたとするならば、賃料を近隣相場に引き上げた上で、Aの不動産収入を確保します。ただし、この場合も①と同様に、増額した不動産収入については、総合課税により最大で約50％課税されます。

また、株主が多く、既存の株主と新経営者との関わりが薄い場合には、配当の実行や高額の賃貸借契約締結についての意思決定に時間がかかってしまう場合があるため、これについても対策を検討しなければなりません。

そこで、考えられるのが③の場合の給与による収入の確保です。具体的には、持ち株会社の設立です。

たとえば、分社型分割により楽器製造事業の全てを承継するX社の100％子会社を設立し、X社は持株会社として引き続き存続します。子会社の代表取締役はBが、X社の代表取締役はAが引き続き行うことで、Bはオーナー一族の株主と直接関わり合いを持つことなく、親会社であるX社、つまり、Aとの関わり合いのみで事業を継続していくことが可能になります。

一方のAは、楽器製造事業の代表取締役を辞任するため、収入減の対応が必要となります。完全支配関係のある子会社からの配当については、全額益金不算入となるため、楽器製造事業が稼いだ利益を無税でX社に配当することができるため、X社は分配された配当を財源に、Aへの役員報酬を支払うことができ、また、オーナー一族の株主への配当もX社が引き続き行うことができます。

税負担効率と新経営者であるBと既存株主との関わり合いを考えると、持株会社の設立は有効な手段と言えます。

4 オーナーチェンジを行う場合の問題

ケース3 旅館業を創業以来50年営んできたX社は、2代目社長Aが70歳となったことを契機として、専務取締役であるB（45歳）に社長の地位を譲ることになりました。また、AはX社の経営に今後関わるつもりはなく、その保有するX社の100％株式全てをBに譲り、その譲渡資金をもって今後の生活費に充てたいと考えています。ところが、Bはそれほど所持金を有していません。このような場合にはどのような対応が考えられるでしょうか。

回答 X社の株式価値をどのように算定するかが問題となりますが、相続税算定において採用される純資産価額や類似業種比準価額によって算定する場合が多いように思われます。なお、中規模以上の企業の場合には、キャッシュフローからDCF法（ディスカウントキャッシュフロー法）等によって算出する場合もあり、売買契約当事者間においてどのような評価基準を使用するかを決めるのかはケースバイケースと言えます。

　問題は、株式価額が高額の場合において、Bがその資金を調達することができるかという点です。Bがまったく資金がないのであれば、株式売買予約契約を締結した上で、その予約権が完結するまではAにおいて毎年株式配当を受けることができるものとして、予約権完結のときにその期間中の株式配当額を控除した残金をBがAに対して支払うこととしたり、Bが取得する今後の報酬から長期間の分割にて売買代金を支払う契約とすることもあります。そのほか、事業承継に関する政府系金融機関における制度融資や、民間金融機関における事業承継に関するローンを利用して購入資金を調達することが考えられます。

なお、オーナーチェンジの場合においても会社の保証債務の承継の問題が生じ得ますが、オーナーチェンジをしていることから、前社長であるＡにおいて、会社経営から完全に離れることを理由に保証を外して欲しいと考える場合があり、この場合においても「経営者保証に関するガイドライン」によって金融機関と協議を行うことになります。

法務からのアプローチ

1 株式の移転方法

通常は前経営者が保有する株式について売買契約を締結し、新経営者が全株式を買い取ることでオーナーチェンジを果たし、新たな経営を実践することになります。しかしながら、新経営者が買取資金を用意することができない場合には、他の方法を検討することになります。

前経営者において資金をそれほど必要としていない場合には、株式全部もしくは一部について新経営者に贈与・廉価売買することが考えられます。株式を贈与や廉価売買してオーナーチェンジを実施した上で、たとえば、前経営者が会社に貸し付けている債権については、長期間の分割にて会社から返済を確実に行う、という場合も少なくありません。

そのほか、会社に一定額の預貯金がある場合には、前経営者が退職慰労金を多額に会社から得た上で株式価値を下げ、安価で株式を譲渡するという形が執られることもあります。なお、株式全部の買取資金がない場合に、種類株式を発行し、前経営者は無議決権の優先配当株式のみを保有することとし、普通株式は全て新経営者に売却するという方法も考えられます。

2 株式買取資金の調達

事業承継に必要な資金の貸し付けに関し、中小企業における経営の承継の円滑化に関する法律13条や14条に基づく金融支援が政府系金

融機関によってなされています。具体的には日本政策金融公庫による低利融資制度などです。また最近は民間金融機関においても事業承継に関する融資メニューを用意していることが多くあります。

さらに、個人で融資を受けるのではなく、SPC（特定目的会社）を設立した上で、SPCにおいて当該対象会社の株式取得代金の融資を受け、SPCが当該株式を購入した上でその配当を得ることによって弁済原資とするスキームの活用も有効な場合があります。

また長期間雇用されている場合には相当額の退職金を得ることができ、新経営者のみならず、同僚従業員においても退職した上で退職金を得て株式購入資金の一部とし、同僚従業員も取締役に就任するなど、1人ではなく従業員仲間数人で株式を買い取るような対応がなされる場合もあります。

いずれにおいても株価をどのように評価するか、またその株式移転に伴う税務面でのリスク対応についても重要課題となります。

3　経営者保証の解消問題

従前の経営者がオーナーチェンジを行うと共に経営を後継者に譲るような場合には、会社経営から離脱しており、これ以上、会社の負債について保証を負うことに抵抗を感じ、保証の解消を会社に求めてくる場合があります。

その対応方法として、まず、包括保証契約においては、信義則上、保証契約解約を求めた場合には、それ以降の会社が負担した負債については保証責任は負わないとする裁判例があります（東京地判昭和60年10月31日判例時報1207号72頁、東京地判平成3年7月31日金融法務事情1310号28頁、東京地判平成11年3月31日金融法務事情1573号48頁など）。したがって、自らが経営していた時期に発生した負債についての保証責任は残りますが、それ以上の保証責任は負

わないということを、裁判例等を根拠として金融機関に申し入れ、協議することが考えられます。

さらに、前述の「経営者保証に関するガイドライン」の第6項における事業承継の場面について、前経営者の保証に関しても、金融機関は、「前経営者から保証契約の解除を求められた場合には、前経営者が引き続き実質的な経営権・支配権を有しているか否か、当該保証契約以外の手段による既存債権の保全の状況、法人の資産・収益力による借入返済能力等を勘案しつつ、保証契約の解除について適切に判断することとする。」とされております。したがって、この内容を根拠として、前代表者は金融機関に対して保証解除を求めて行くことが有効な対応策の1つと考えられます。

税務からのアプローチ

ここでは、Aの生活資金を確保しながら、Bに安く譲渡する方法を検討しなければなりません。その際に、注意しなければならない税務上のポイントは次のとおりです。

1　AがBに贈与又は遺贈する方法

そもそもこの方法では、Aの生活資金が確保できず、また、Bに対して財産評価基本通達にしたがって評価された評価額を基に高額の贈与税が課税されてしまいます。

2　AがBに時価よりも低い価額で譲渡する方法

株式の時価が高ければ、時価よりも低い価額で譲渡したとしても、Aにある程度の生活資金が残る可能性は考えられます。

なお、AとBは第三者で特に利害関係もない者同士であれば、AとBが合意した価額が原則として時価になりますが、その価額が財産評

価基本通達にしたがって評価された評価額と著しく乖離した価額である場合には、評価額との差額について贈与があったものとみなされ、Bに高額の贈与税が課税される可能性があります。

3 株式の評価額を引下げて譲渡する方法

贈与や低額譲渡では、Aの生活資金が確保できないばかりか、Bで多額の納税が生じてしまうため、株式の評価額が高く、Bの所持金が少ない場合には、まず、評価対象会社の純資産の構成を精査し、株価の引き下げが可能かどうかを検討します。

たとえば、下記設例のように、評価額が高くなっている場合には、Aに退職金を支払うことで、評価対象会社の評価要素である「利益」や「純資産価額」を抑えて株価を引き下げることができます。これにより、Aの生活資金を確保しながら、低い評価額でBに贈与又は譲渡することが可能になります。

（前提）
- 対象会社の評価額　100,000,000円
- Aの取得価額　　　 10,000,000円
- 退職金　　　　　　80,000,000円
- 勤続年数　　　　　45年

i 時価（評価額）で譲渡した場合		ii 退職金8,000万円支払後に譲渡した場合			
譲渡対価	100,000,000	譲渡対価	20,000,000	退職金	80,000,000
取得費	10,000,000	取得費	10,000,000	退職所得控除	25,500,000
譲渡益	90,000,000 A	譲渡益	10,000,000 A	退職所得（1/2）	27,250,000 A
税率	A×20.315%	税率	A×20.315%	税率（所得税）	A×40％−2,796,000 B
税額	18,283,500	税額	2,031,500	税率（復興税）	B×2.1%
				税率（住民税）	A×10%
				税額	10,999,100
手取額	81,716,500	手取額合計	86,969,400		

ちなみに、役員に対する退職金が不相当に高額である場合には、その部分については損金の額に算入されません。実務上は、役員の最終報酬月額×勤続年数×役員の法人の業務に従事した期間及び役員の職責に応じた倍率で適正な役員退職金を算出することが多いのですが、この倍率は明示されているものではありませんので、慎重な判断が求められます。

なお、不動産を所有しているために評価額が高くなってしまっている場合の対策は、**ケース4**を参照してください。

また、利益の蓄積が多い会社の場合には、分配可能額の範囲内でX社が配当を行ったり、自己株式を取得することで、評価対象会社の純資産価額を抑えて株価を引き下げることができます。

ちなみに、株主が複数いる場合に、特定の株主のみに対して配当と同様の効果を生み出すには、自己株式の取得が有効です。この場合の自己株式の譲渡対価の決定については、個人法人間での非上場株式の譲渡は、個人間取引の評価額である財産評価基本通達に基づく評価額よりも高く評価されがちな所得税法基本通達に基づく評価額を前提に譲渡対価を決定することになるため、AがBに直接譲渡するよりも高い金額で会社に譲渡することが可能となり、Aはその分生活資金を多く獲得することができます。

ただし、一方で、株式を自己株式として会社に譲渡したAでは、譲渡対価の大部分が利益の払い戻しであるみなし配当として総合課税により最大で約50％が課税されるため、譲渡益の20.315％が課税されるBへの個人間売買によるよりも、Aでの税負担は重くなりますので、その点は注意が必要になります。

5 事業のみを従業員に承継させ、特定資産を親族に承継させるケース

ケース4

　　金属加工業を営んできたＸ社は、２代目社長Ａが70歳となったことを契機として、専務取締役であるＢ（50歳）に社長の地位を譲ることになり、その全株式をＢはＡから買い取りました。ただし、金属加工を実施する工場はＡの個人名義であり、不動産を買い取るだけの資金をＢもＸ社も有していなかったため、そのままの状態です。そのような状況において、ＡはＸ社の会社経営の安定をはかり、他方において自らが亡くなった後においても妻Ｃの生活費が困らないようにするため、不動産についてはＣが取得する形を考えています。Ｘ社とＣが取得する不動産の権利関係はどのようにしたら良いでしょうか。

　　また、工場もＸ社の所有であった場合においても、Ｃの生活費を賄う方法を作り出すため、Ａにはどのような対応方法が考えられるでしょうか。

回答

　　Ｘ社をＡの親族が承継していれば、Ａが引退又は亡くなった後においても、Ｘ社からの報酬にてＡの親族は生活費を賄うことができますが、何らかの理由によってＡの親族（Ｃら）がＸ社の経営を承継しない場合には、Ｃは生活費を賄う方法がなくなってしまいます。そのため、不動産を承継したＣにおいて、Ｘ社との間で賃貸借契約を締結し、賃料収入を安定的に得ることによって生活費を賄う方法が考えられます。

　　他方、工場もＸ社所有であった場合には、Ｃは何らも権利を得ることができないこととなるため、Ａとしては、Ｘ社の全株式をＢに譲渡

する前に、工場を保有する会社と金属加工業を営む会社にX社を会社分割し、工場を保有する会社の株式についてはCに取得させ、金属加工業を営む会社の株式をBに譲渡し、両社の間に工場の賃貸借契約を締結することが考えられます。この場合、賃料収入を工場保有会社が安定して得ることができるため、その株主であるCは株式配当か、もしくは当該会社の取締役となった上で役員報酬を得ることによって生活費を賄うことが可能となります。

法務からのアプローチ

1　工場に関する賃貸借契約締結上の留意点

　工場の賃貸により、Cが生活費を安定して得るためには、定期借家契約を締結することが考えられますが、逆にX社にとっては、資金繰りが困難となった場合においても賃料減額の要求ができず、また契約更新をCが拒絶した場合は、使用を継続できないリスクも負うこととなってしまいます。そもそもAが工場を所有していたときは、特段に賃料は発生しておらず、Cに対する賃料負担は固定費を増額することとなり、事業を承継したBとしても経営上大きな問題となり得ます。すなわち、BとCにおいて利益が相反する部分があるため、その条件設定においては十分に双方の事情を考慮した上で決定することになります。

2　工場を会社が所有している状態において、将来の工場からの賃料収入をもって前経営者の家族の生活費を賄うための方法

　会社を資産保有会社と、その資産を使用しながら事業を行う事業運営会社の2つに会社分割を実施し、資産保有会社の株式は前経営者が保有継続するか、前経営者の家族が承継して生活費を安定的に得ることとした上で、事業運営会社の経営と株式は後継者に譲ることとしま

す。このような対応を行うことで、事業承継のニーズと前経営者の家族の将来的な収益の確保をはかることが可能となります。

【会社分割スキーム】

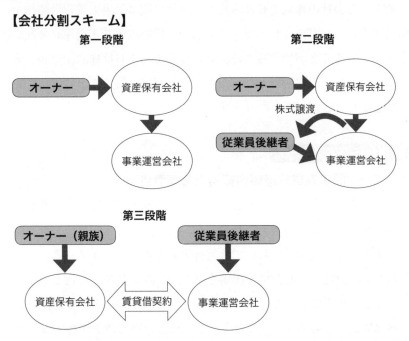

　上記第一段階のとおり、会社について新設分割を実施し、事業運営部門又は資産保有部門を新設会社に承継させます（図では事業運営部門を新設会社に承継させています）。第二段階として、その新会社（事業運営会社）の株式を資産保有会社から従業員後継者が購入することによって、後継者は事業運営会社のオーナー経営者となります。その上で、第三段階として、工場等の資産について資産保有会社と事業運営会社との間で賃貸借契約を締結します。

　以上の手続によって、関係者それぞれの要望に応えることができるスキームを作ることができます。なお、事業運営会社の後継者にとっても、株式買取資金の調達が大問題となるところ、資産保有会社と事業運営会社に分けた結果、事業運営会社の株価は極めて低く抑えるこ

とが可能となるはずであり、事業運営会社の株式を取得してオーナー権をもって会社経営を行うことができるため、オーナー親族側にのみメリットがある訳ではなく、後継者側においても大きなメリットを得ることが可能となります。なお、税務リスクについては十分な注意が必要であることは言うまでもありません。

また、オーナー親族が会社経営に携わらない場合において、その後の会社からの収入のみを得る方法としては、会社分割を実施しなくても、会社株式に種類株式を導入し、前経営者やその家族が無議決権の優先配当株式を取得し、経営を承継した新経営者が議決権ある株式の全てを取得する方法によっても可能です。ただし、会社経営状況如何によっては株式配当が得られないリスクが生じてしまうことから、不動産等の資産とその賃料収入を得る権利を確保することで将来的にも安定した生活費の確保が可能となることに大きな利点があります。

税務からのアプローチ

事業を親族外に承継させる場合に、オーナー一族の承継後の生活資金を確保するため、事業用資産の帰属とその権利関係についての対応が必要となります。その際の課税関係及び税務上のポイントは次のとおりです。

1　社長Aが不動産を所有している場合

事業を従業員に承継させる場合に、会社に貸している土地・建物などオーナー個人所有の事業用資産の整理が必要となります。会社に売却しその資金を引退後に自由に使うこともできますが、承継後の会社に賃貸し、その収入をA及びA死亡後のCの生活資金に充てたいと考えることもよくあります。

後者の場合、従業員へ承継させるタイミングで、AとX社の間で新

たに賃貸借契約を締結します。その際に税務上注意しなければならない点は、賃料をいくらにするかです。一般的には近隣相場を参考に話し合いにより決めることになりますが、AとX社とは、第三者間での契約ではありますが、利害関係が対立しているとまでは言えないため、当事者の合意した金額が、近隣相場よりも安い場合には、X社における法人税の受贈益課税の可能性があります。

なお、このとき、AとX社の間で締結していた賃貸借契約は、Aの死亡時にCがこの不動産を相続することにより、そのままCに承継させることができます。

また、相続時の建物については、固定資産税評価額から固定資産税評価額×借家権割合を控除した金額が、土地については、自用地価額から自用地価額×借地権割合×借家権割合を控除した金額が相続税評価額となるため、相続税の節税対策にもなります。

2　X社が不動産を所有している場合

X社が工場を所有している場合で、工場用建物とその敷地のみをCの所有とさせる場合の対応方法はいくつか考えられますが、①Bが新会社を設立し、X社が金属加工事業を新会社に事業譲渡する手法か、②X社が金属加工事業を分割し、金属加工事業の株式をAがBに譲渡する手法か、③X社が、工場を分割し、分割後のX社の株式をAがBに譲渡する手法のいずれかの方法が考えられます。

①の場合は、下図のように、金属加工事業の譲渡であるため、仮に、買取価額が時価純資産価額よりも高い場合には、事業譲渡益がX社に計上されるので、X社ではAへの退職金の支払などの対応が必要になります。しかし、移転を受けた新会社側では、その事業譲渡益部分を資産調整勘定として受入れ、毎事業年度ごとに、事業年度の月数（期中取得の月割計算あり）／60で減額した金額が損金となるメリット

があります。

なお、税務上のメリットデメリットの他に、手続上では、事業譲渡の場合には、分割の場合と異なり、権利関係が包括的に承継されないデメリットがあるため、分割の場合と比較検討していく必要があります。

〈①の場合〉

そこで、②の分割のパターンで検討していくと、この場合は分割承継法人株式の継続保有の見込がないため非適格分割となり、含み損益に対する課税関係は①と同じになります。

しかし、①の事業譲渡と異なり分割の場合は、資産の譲渡等には該当しないため消費税は課税対象外となります。

〈②の場合〉

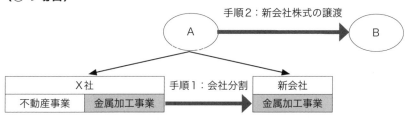

さらに、③の分割のパターンで検討していくと、この場合は下図のように、単独新設分割型分割となり、新会社に工場を移転し、分割後においてAが所有するX社株式をBに譲渡することが予定されています。

〈③の場合〉

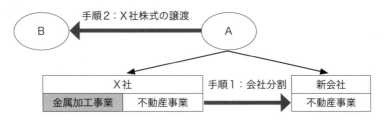

　②と異なるのは、Bに譲渡する株式が、分割承継法人株式ではなく、残した金属加工事業を行うX社の株式であるという点です。

　平成29年度税制改正前であれば、適格要件である（完全）支配関係継続要件を満たさないため、非適格の分割型分割となっていましたが、平成29年度税制改正においては、分割型分割後にAと分割承継法人（新会社）との間にAによる完全支配関係が継続すれば、適格分割に該当することになりました。つまり、分割後にAがX社（金属加工事業）の株式をBに譲渡しても、Aが新会社（不動産事業）への支配を継続していれば、適格分割となります。

　これにより、親族が経営する新会社に工場を簿価で移転することができ、新オーナーのBも安い株価で株式を取得することが可能になります。また、分割であるため、消費税は課税されず、不動産取得税も要件を満たせば非課税になります。もちろん、権利関係も包括的に承継することができます。

　平成29年度税制改正によって分割法人を親族外に譲渡する際には非常に有効な手法になったと言えます。

6 過大負債が生じているケース

ケース5
ヘアサロン3店舗を経営していたX社は、創業者社長Aも70歳となり、事業承継を検討しているところです。しかし、近年はよいスタッフを集めることができず、赤字経営が続き、多額の債務超過となっております。金融機関からも多額の借入もあり、誰も債務超過の状況のX社を継ごうとしません。どのように対処すべきでしょうか。

回答 赤字経営の上、債務超過の状況ですので、このままの状態で経営を継続した場合には倒産してしまう危険が高いわけです。したがって、そのような状況のX社の経営を引継ごうとする従業員はなかなか出てきません。経営者になると保証債務の承継を金融機関から求められることも障害の一因です。

そこで、AにおいてX社の立て直しを実施した上で、事業承継が行いやすい状況にもっていくことができるかを検討することになり、法的整理手続や私的整理手続によって、債権者から過大な負債の免除を受けることを検討することになります。事業再生の手法によって債務を圧縮することになります。

しかしながら、過大な負債について免除を受け、負債の圧縮に成功したとしても、赤字経営を立て直すことができなければ、資金ショートの危険が伴い倒産の危険は依然として残り、事業承継は容易ではありません。赤字経営の立て直しができるか否かが事業承継の可否の判断ポイントになります。

赤字経営の立て直しが困難な場合には、X社としては、過大負債処理の手続において、円滑に廃業する方法を模索し、関係者への影響を

できるだけ少なくしながら廃業することが次の課題となります。そのような廃業手続において、たとえば、売り上げが堅調な店舗が一部にある場合には第三者に譲渡したり、当該店舗の店長ほかのスタッフなど従業員に承継する方法を検討することができる場合もあります。X社は廃業してしまいますが、一部の店舗や事業を従業員が買取り承継することで部分的に事業承継が行われることになります。このような形を第二創業と呼ぶこともあります。

法務からのアプローチ

1 事業再生の手法による事業承継

　過大負債があり債務超過のような場合には、そのままの状態にて事業を承継する後継者はなかなか現れません。そこで、事業承継しやすい状況にした上で、従業員や幹部役員に承継することを検討することになります。

　過大な負債について債務免除を受けるためには事業再生の手法を利用することになります。法的整理手続としては民事再生手続の利用が考えられます。民事再生手続は、裁判所に申立てることにより、裁判所の監督下において再生を進めていく手続であり、金融負債のほか取引債権をも含めた全債権（ただし、租税公課や労働債権は債務免除の対象外です）について、債務免除を含めた弁済条件を規定した再生計画案を策定し、債権者集会において議決権を行使した債権者数において過半数かつ総議決権額の50％以上の債権者の同意を得ることができれば、その再生計画によって再建を進めていくことになります[2]。この場合、金融負債だけでなく、取引負債をも対象とすることになりますので、債務免除を受ける金額が大きくなるのが一般的ですが、取

2　民事再生手続については、全国倒産処理弁護士ネットワーク編『通常再生の実務Q&A120問』（金融財政事情研究会、2010年）など様々な参考書籍があります。

引負債を巻き込むことにより取引上の障害が生じたり風評被害が生ずることで営業に一定の影響が生じることがあります。

他方、金融負債のみを適正な債権額までに圧縮すれば再建できるような場合には、法的整理手続ではなく金融負債のみを対象とする私的整理手続を選択することになり、中小企業再生支援協議会や特定調停の手続を進めることになります[3]。いずれにおいても債務免除を求める金融債権者全員の同意を得ないと成立しません。

このような過大債務の処理を行い、返済可能な適正な負債額とすれば、後継者においても承継しやすい状況になります。なお、前経営者においては保証債務の履行を求められるため、「経営者保証に関するガイドライン」第7項などによって対処することになります[4]。

2 廃業の場合における第二創業

赤字経営が継続し、事業再生の手法をもってしても会社の経営の立て直しが困難な場合には、廃業を決断せざるを得ないことになります。廃業においても債務超過において破産手続となるのか、それとも円滑な廃業手続として、特定調停手続や特別清算手続、さらには地域経済活性化支援機構スキームを利用するなどの対応方法を選択することにするのか、検討することになります。租税債権の滞納が多く一般債権者への弁済がまったく見込めない場合には破産手続になりますが、それ以外の場合には、資金的に余裕がある場合には取引債権の支払いを進めながら、金融債権者のみを対象債権者とし、会社清算を実施する直前において残余資産をもって弁済し、残債務の免除を受けることができれば、取引先に迷惑をかけずに廃業することが可能となります。

---

[3] 私的整理については、全国倒産処理弁護士ネットワーク編『私的整理の実務Q&A140問』(金融財政事情研究会、2016年)などを参照されたい。
[4] 会社を整理する場面での経営者保証ガイドラインの対応について、小林信明・中井康之編『経営者保証ガイドラインの実務と課題』(商事法務、2018年)が参考となります。

第3章 親族外承継（Step2-2）

　必要な資金確保をしながら事業活動を徐々に終了していく中で、従業員に一部店舗を譲渡することで、事業の一部承継が可能となり、顧客や取引先への迷惑を軽減し、一部の従業員の雇用を確保することができます。店舗の原状回復費用が不要となるため、費用削減ともなり、残された債権者への弁済額を増やすことが可能な場合があります。

【第二創業のケース】

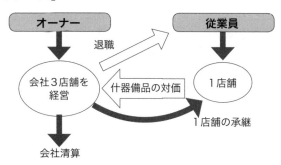

　上記のように店舗の賃貸借契約を承継するとともに、敷金や什器備品の承継においては会社との間で売買契約を締結し適正な対価を支払うことで、会社の債権者に対する詐害的行為とならないよう注意します。

　会社において租税公課が多いケースなどで、破産手続とならざるを得ない場合であっても、財産的価値がある資産等の移転についてはきちんと売買契約書を作成し、その対価の支払いを行うことで否認権行使の対象とならない形をとり、第二創業を進める場合もあります。

税務からのアプローチ

　後継者のいない債務超過会社では、再生手法により債務超過を解消し、解消後に事業を親族外に承継させるか、M&Aにより売却するか、廃業するかいずれかの方法を選択していくことになります。なお、この場合の税務上留意すべき点は次のとおりです。

1 事業再生手法を利用した場合の留意点

(1) 法的整理（民事再生法）の場合

債務超過の状態で事業再生手法を利用する場合、多額の債務免除益が生じます。税務上、債務免除益は益金となり課税されるので、せっかく債務が免除されても多額の納税が生じてしまうと、再生計画が実行できなくなります。そこで、こうした民事再生手続を利用して再建を進めている場合には、債務免除益に対して資産評価損の計上及び期限切れ欠損金の使用が認められています。

まず、資産評価損の計上についてですが、税務上、原則として評価損の損金算入は認めていません。ただし、再生手続開始の決定があった場合には、損金経理により帳簿価額の減額を行う損金経理方式と、確定申告書に評価替えの別表を添付する別表添付方式のどちらかを選択することにより、評価損の計上が可能とされています。なお、別表添付方式を採用した場合にのみ評価益の計上が強制されます。

次に、欠損金については、青色申告書を提出する中小法人等の場合には、原則としてその事業年度開始の日前10年以内に開始した各事業年度に生じた欠損金額の全額を課税所得から控除することになります。ただし、再生手続開始の決定があった場合には、損金経理方式と別表添付方式のいずれの方法であっても、使用期限が切れてしまった欠損金額を課税所得から控除することが認められています。

ちなみに、債務免除益が生じた場合に相殺すべき順序は、損金経理方式によるときは、評価損→青色欠損金→期限切れ欠損金の順番で相殺し、別表添付方式によるときは、評価損益→期限切れ欠損金→青色欠損金の順番に相殺します。

損金経理方式と別表添付方式のどちらを採用するかによって、評価益の計上の有無と欠損金の充当順位が異なりますので、どちらがより有利になるか検討する必要があります。

(2) 私的整理の場合

上記(1)の法的整理のみならず、私的整理の場合であっても、債務免除益に対する課税の問題は起こります。そこで、迅速な企業再生を支援する観点から、民事再生法の法的整理に準じた一定の私的整理の場合であれば、(1)の法的整理と同様に、評価損の計上及び期限切れ欠損金の使用が認められています。

なお、ここでいう一定の私的整理の具体的な要件は、国税庁質疑応答事例（法人税：民事再生法の法的整理に準じた私的整理とは）に記載されておりますが、まずは、たとえば私的整理に関するガイドライン及び同Q&AやRCCが定める準則、中小企業再生支援協議会（中小企業庁）及び中小企業再生支援全国本部が定める準則等に該当するかどうかを確認する必要があります。

2 事業再生手法利用後の留意点

(1) 親族外承継の場合

本章**ケース2**から**ケース4**を参照してください。

(2) M&Aの場合

第4章を参照してください。

(3) 廃業の場合

第5章を参照してください。

なお、什器備品等を売却し、債務を返済しながら残債の免除を受ける場合には、清算法人についても債務免除益課税の問題が生じます。ただし、このように内国法人が解散し残余財産がないと見込まれるときも、清算事業年度中に期限切れ欠損金の使用が認められます。

第4章

M & A
Step 2-3

Chapter 4

1 M&Aの総論（スケジュール）

法務からのアプローチ

1　M&Aによる社外への引継ぎの手法と留意点

　M&Aは、次の段階を経て手続が進められます（「事業引継ぎガイドライン」20頁（中小企業向け事業引継ぎ検討会）参照）。

【図表１】

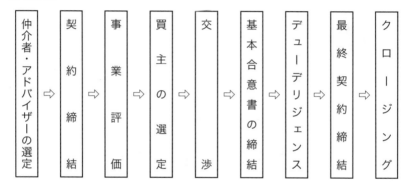

(1)　仲介者・アドバイザーの選定

　中小企業が事業承継に際してM&Aを検討する場合、まずは仲介者・アドバイザーの選定から始めることになります。譲渡側と譲受側の双方と仲介契約を締結する仲介者として、あるいは一方とのみアドバイザリー契約を締結するアドバイザーとして、業務を依頼します。中小企業が譲受候補者の探索から依頼する場合、通常は、金融機関やM&A専門業者等に対して、仲介者あるいはアドバイザーとしての支援を求めます。法務、会計あるいは税務といった専門分野について士業等専門家に依頼する場合には、アドバイザーとしての支援を求めることになるでしょう。

(2) 契約締結

　仲介契約やアドバイザリー契約は、中小企業にとって過去に経験したことのない契約であることが殆どです。とくに、M&Aの手続における依頼業務の範囲、契約期間、報酬・費用の内容などについては、十分に説明を受けて契約する必要があります。

　また、M&Aにおいては、情報管理が極めて重要です。外部にM&Aを検討している事実が漏洩した場合、他社から営業不安を煽られたり、取引先に対して取引先変更の営業攻勢がかけられたりすることが考えられます。会社内部に知れ渡った場合にも、不安を感じる従業員に反対されたり、重要な従業員に退職を示唆されたりして、M&Aの手続に支障が生じることがあります。したがって、仲介者・アドバイザーとの間で、秘密保持契約を締結して情報の外部流出を防ぐとともに、社内の従業員に対して、誰に、いつ、どの範囲まで情報開示をするか、綿密に打ち合わせをしておく必要があります。

(3) 事業評価

　M&Aを検討する中小企業は、自社の事業が客観的に見てどのような金銭的評価を受けるのかについて、極めて高い関心を有しています。少しでも高い評価を得るため、簿外債務や公租公課の未払いなど不利益な事実を明らかにしたくないという考えに至ることもあります。しかし、後々M&A協議の妨げになるため、そのような不利益な事実もすべて開示したうえで評価を受けなければなりません。評価の方法は様々であり、評価結果も、その方法によって大きく変動します。評価を依頼する会社にとって自社の評価に納得できないことも多いので、評価をする仲介者・アドバイザーあるいは別途依頼する専門家には、十分な説明をすることが求められます。

(4) 買主の選定

　仲介者・アドバイザーは、探索した譲受候補先について、ロングリスト（有力候補先を記したもの）あるいはショートリスト（条件を精査して有力候補先を絞り込んだもの）を作成するなどして、譲渡側に提示します。仲介者・アドバイザーによる譲受候補先への打診は、仲介者・アドバイザーが作成するノンネームシート（譲渡会社の会社名を秘した簡潔な企業概要書）を提示して行うことがありますが、簡潔すぎると事業の内容が理解できず、詳細に書きすぎると譲渡会社が特定されてしまいます。そのため、ノンネームシートの内容及び提示の方法については、譲渡会社と仲介者・アドバイザーとがよく協議して決める必要があります。そのうえで、譲渡会社の会社名を含む詳細な情報を開示する場合には、譲受候補先と仲介者・アドバイザー、あるいは譲受候補先と譲渡側との間で、秘密保持契約を締結することが求められます。

(5) 交　渉

　M&Aには、株式譲渡、事業譲渡、会社分割、合併、株式交換といった方法がありますが、中小企業の事業承継においては、株式譲渡あるいは事業譲渡を選択するのが一般的です。

　契約条件の交渉はもちろん重要ですが、お互いに利害が対立するものなので、重視する契約条件を念頭において交渉することが求められます。譲渡価格のほか、経営者・役員・従業員の処遇などがまず協議されます。また、企業文化や経営理念を理解するためのトップ面談も重視されています。

(6) 基本合意書の締結

　基本条件について合意に達した場合、基本合意書を締結することに

なります。譲渡価格、経営者・役員・従業員の処遇、最終契約締結までのスケジュール、最終契約締結までの双方の実施事項や遵守事項、諸条件の最終調整方法等について合意することが多いでしょう。

基本合意書においては、譲渡するか否か、譲渡価格をいくらにするかといった契約の根幹部分について、その後の交渉によって変更が生じることを認める定めにします。

(7) デューデリジェンス（DD）

主として買主が、譲渡会社の財務・法務・税務・事業リスク等の実態について、士業等の専門家を活用して調査する手続を言います。M&Aにおける売主には、株式や事業について権利を移転する義務があるものの、当該義務を果たす限り、譲渡会社の個別事情について責任を負いません。そのため、予め譲渡会社の個別事情を精査し、買主が予想外の損失を被ることのないように手当をするのが、DDの意義と言えます。

一方、中小企業におけるM&Aでは、費用や相互の信頼関係を重視する趣旨から、DDを行わず、あるいは簡易にのみ行うことも多く見受けられます。

しかし、クロージング後に譲渡会社の事業価値に悪影響を及ぼす事項が発見された場合、譲渡会社の状態を原状回復することは現実的に困難であるため、原則として契約を解除することができない約定をします。したがって、買主がM&Aそのものを断念しなければいけないような問題（ディールブレーカー）は、必ずクロージング前に発見しておく必要があります。

また、買主が、譲渡会社の事業価値が毀損していることを発見できなかった場合、最終契約における譲渡価格に反映できず、適正価格よりも高値で事業を買い取ることになります。そのため、DDにより譲

渡会社の調査を尽くし、その結果を最終契約の内容に反映させておくことは、重要な意味を持ちます。

最終的にDDを実施するか否か決めるのは買主ですが、仲介者・アドバイザーとしては、以上のようなDDの意義について、十分に説明をしておくことが求められます。

(8) 最終契約締結

DDで発見された事実や基本合意書で留保していた事項について、詳細を詰める協議を行い、最終契約を締結します。

最終契約書では、基本合意書で合意した内容を最終的に確認するほか、契約締結からクロージングまでの義務や、クロージング後の競業避止義務、譲渡会社の経営者等の保証債務の解消条項等を盛り込むことになります。

また、売主及び買主の双方につき、一定の事項について真実かつ正確であることを表明し保証する条項（表明保証条項）に違反していないことについても合意します。表明保証条項違反が発見された場合には、クロージングを行わないことができるほか、クロージング後には金銭補償の対象になります。

(9) クロージング

M&Aの取引を実行することを言い、株式や事業の移転と譲渡価格の支払いを行います。具体的には、契約書に調印し、買主が必要書類を受け取って送金手続を行うといった手続で行います。なお、クロージング後に直ちに株主総会を開催して取締役を交替させることもあります。

税務からのアプローチ

　事業承継に関するM&Aで会社を譲渡する方法として、以下の方法があります。

① 　株式譲渡
② 　事業譲渡
③ 　分割（分社型分割）
④ 　合併
⑤ 　株式交換

　外部の会社に事業を承継する場合、①又は②の方法を選択することがほとんどです。③～⑤の方法を選択した場合、法人税ではそれぞれ「非適格（原則的な取扱い）」と「適格（例外的な取扱い）」の２つに分類されます。事業承継で③～⑤の方法を採用した場合には、通常は金銭を対価として行われ、事業承継先の会社の株式を対価として交付されることはほとんどありません。金銭を対価として③～⑤の方法を実施した場合、法人税では「非適格（原則的な取扱い）」として取扱い、課税関係が整理されます。

　事業承継に関するM&Aの方法①～⑤について、税務面での取り扱いをまとめると図表２のとおりとなります。③～⑤については「非適格（原則的な取扱い）」の場合のみを記載しています。

　図表２のとおり、事業承継スキームによって税務面での取り扱いが大きく異なります。したがって、外部の会社に事業を承継するにあたって、自社はどのようなスキームをとることができるのか、その場合に自社及び株主にどのような課税関係が生じるのか、事前に検証及び試算し、有利不利を確認した方が良いでしょう。

【図表2】

事業承継スキーム	内容	承継元会社		株主（個人）
		法人税	消費税	所得税
株式譲渡	会社支配権の譲渡により事業全部を包括的に承継	無し	無し	株式譲渡所得に課税
事業譲渡	任意の事業一部を譲渡	時価による譲渡所得に課税	課税対象取引	無し
分　割（分社型分割）	任意の事業一部を包括的に承継	時価による譲渡所得に課税	課税対象外（包括承継）取引	無し
合　併	事業全部を包括的に承継	時価による譲渡所得に課税	課税対象外（包括承継）取引	配当（みなし配当）所得及び株式譲渡所得に課税
株式交換	事業全部を包括的に承継	時価による評価損益に課税	無し	株式譲渡所得に課税

2 知り合い等に売却する場合

> **ケース1**
> 当社X社は、代表取締役社長Aが創業した会社です。取締役会と監査役を設置しており、役員は、A、取締役B（Aの妻）、取締役C（Aの弟）、監査役D（Aの友人）の4名です。当社の発行済み株式100株のうち、Aが80株（80％）、Bが20株（20％）を保有しています。当社の定款には、株式について株券を発行すること、当社の株式を譲渡するために取締役会の承認を受けなければいけないことが、それぞれ記載されています。
>
> Aの跡を継ぐ親族がいないことから、当社の古くからの取引先であるY社に打診したところ、発行済み株式のすべてを購入することを前向きに検討してくれています。当社としては、どのように協議を進めていけばよいでしょうか。

　知人同士でM&Aについて協議する場合、契約条件の交渉には、両者の信頼関係の維持を重視しながら進められます。

X社の事業評価を踏まえて株式譲渡価格の交渉が行われますが、同時に取締役に対する退職慰労金の支給も検討の対象となります。

手続としては、X社の株券を発行して株式譲渡に伴いY社に交付すること及び取締役会の譲渡承認決議を経ることが必要になります。株主名簿が整備されているか否かについても確認し、株式譲渡に伴って株主名簿の株主を書き換えます。

法務からのアプローチ

1 交渉の進め方

　知人同士でM&Aについて協議する場合、両者の信頼関係こそが交渉の前提になっています。そのため、専門家のアドバイスを受けながら、交渉そのものは第三者に委ねず、譲渡会社、買主相互の代表者あるいは担当者の間で行う例が多くみられます。

　多くの場合、株式譲渡に伴って買主が経営の全権を握り、役員は全員退任することになります。しかし、買主は、重要なキーパーソンになる人物について、継続的な事業への関与を求めることがあります。本説例でも、Y社から、創業者であり取引先との付き合いも長いAに対し、顧問として、一定期間、事業に関与し続けてもらうよう要請があることが考えられます。

2 事業評価

(1) 事業評価方法

　M&Aが知人同士で検討される場合、必要に応じてアドバイザーを選定してアドバイスを受けながら、手続を進めることになりますが、まず事業評価から検討することも多いと思われます。

　株式市場に上場していない会社の価値を評価する方法には、将来獲得できるであろう利益を現在価値に還元して評価する方法（インカム・アプローチ）、類似上場会社の株式市場での評価を利用する方法（マーケット・アプローチ）、企業の所有する財産の価値を個別に修正して評価する方法（コスト・アプローチ）などがありますが、絶対的あるいは普遍的な理論は存在しません。

　大企業のM&Aでは、インカム・アプローチやマーケット・アプローチを中心に検討することが一般的ですが、多くの中小企業のM&Aにおいては、客観性を重視して、コスト・アプローチを基礎と

した「年買法」を利用しています。

(2) 年買法

年買法では、不動産、売掛金、貸付金、在庫商品などの資産を時価に引き直した時価純資産の価額を基準とします。貸借対照表（B／S）の純資産額をそのまま用いるわけではありません。そして、時価純資産価額に、譲渡会社における事業の将来に向けた収益力を評価した「営業権」の価額を加算して、評価額を定めます。

> 評価額＝時価純資産＋営業権

(3) 営業権

営業権は、一定期間の営業利益、経常利益、当期純利益などの利益をもって評価します。評価に際しては、経営者の役員報酬が多額あるいは少額である場合などに、利益の金額を加減して客観的な「正常化後の利益」を算出することが求められます。

一定期間については、1年分から5年分程度とされることが一般的です。その範囲内で、景気の動向を受けやすい会社は短期の、安定的な収益を見込める会社は長期の利益を加算することになります。ただし、中規模以上の企業で多くの利益を上げているなどの事情がない限り、長期の利益を見込んで価値を算出することはせず、1年分から3年分程度の利益を基準に算出する例が多くみられます。「直近年度の利益×0.5、二期前の利益×0.3、三期前の利益×0.2」を合算するなど、加重平均を取って算出することもあります。

> 営業権＝正常化後の利益×一定期間（1年から5年）

3 売買代金と退職慰労金との組み合わせ

　事業評価をした金額がそのまま最終の株式譲渡代金になるとは限りません。実際には、株式譲渡に伴って退職する役員に退職慰労金を支給し、事業評価をした金額から退職慰労金の金額を差し引いて株式譲渡代金を算出する例が多くみられます。株主と役員とが重複し、あるいは生計を同じくしている場合、退職慰労金を支給する方が、同じ額を株式譲渡代金とするよりも、譲渡会社及び株主（役員）の双方にとって税務メリットがあるからです。本説例でも、株主であるA及びBは、取締役でもありますから、そのようなスキームを適用することが考えられます。

　また、AやBの利益とは別に、取締役Cに対しても、一定の退職慰労金を支給することをAが希望することもあります。

4 株式譲渡の進め方

(1) 買主の意向

　買主としては、発行済株式の過半数を保有することができれば、株主総会で役員の選任など主立った事項についての普通決議をすることができますし、3分の2の株式を保有するに至れば、定款変更など会社の重要事項についての特別決議をすることもできます。しかし、中小企業においては、意見の異なる株主が存在すること自体が経営リスクになります。とりわけ、新たに譲渡会社の株主となる買主にとって、元来近しい関係になかった株主が残存することに抵抗感があるのは当然です。そのため、買主は、通常、発行済株式すべての取得を求めることになります。Y社もそのような意向を有しています。

(2) 株券発行

　X社は、株式について株券を発行する株券発行会社であり、中小企

業では株券発行会社が多くみられます。

　現在の会社法では、株式会社について株券の不発行が原則となっていますが、平成18年施行の会社法改正までに定款で株券を発行しない旨の定めをしていなかった会社は、株券発行会社であるとみなされることになっています。そのため、会社法改正に際してとくに定款変更などを行っておらず、従前の定款で株券発行会社としていた、あるいは株券について何ら記載していなかった会社は、株券発行会社であるということになります。

　株券発行会社においては、株券を発行して交付しない限り、株式譲渡の効力が生じません。そのため、株券を新たに発行する必要があります。株券には、①商号、②株式数、③譲渡制限がある場合にはその旨、④種類株式である場合はその種類と内容、⑤株券の番号を記載し、⑥代表取締役が署名又は記名押印しなければなりません。A、B及びCからX社宛に株式の発行を請求する旨の書面を提出してもらったうえでX社から株券を交付し、それを株式譲渡にあたってA、B及びCからY社に交付することになります。

(3) 譲渡承認手続

　X社の株式を譲渡するには取締役会の承認を受けなければいけないため、定款に特別な定めがない限り、取締役会設置会社であるX社の場合には取締役会（取締役会設置会社でない場合は株主総会）の決議による譲渡承認手続が必要です。

(4) 株主名簿

　中小企業では、株主名簿の整備がされていない会社もありますので、注意を要します。株主名簿には、①株主の氏名又は名称及び住所、②①の株主が有する株式の数（種類株式発行会社にあっては、株式の種

類及び種類ごとの数)、③①の株主が株式を取得した日、④株券発行会社である場合は、②及び③の株式(株券が発行されているものに限る。)に係る株券の番号を記載すべきこととされています。

　設立時に名義貸しがされていたり、株式の譲渡や相続の際に株主名簿が書き換えられていなかったりしたため、株式の名義人と真の株主とが異なっていることもあります。法人税の確定申告書別表二の「同族会社等の判定に関する明細書」の記載は参考になりますが、当該明細書は株主名簿として求められる法定の要件を満たしていません。とくに、株主名簿には「株式を取得した日」の記載が必要であることに注意しましょう。

税務からのアプローチ

　株式譲渡の協議を進める上での税務上のポイントは、株式譲渡の課税関係を踏まえ、少しでもオーナーに税引き後の手取り額が大きくなるように株式譲渡スキームを構築することです。

1　スキーム検討

　まずA、B及びX社において事業承継するにあたりどのようなスキームを選択することが適切か検討します。外部の会社に事業を承継する場合には、本章■の図表2に記載のとおり、選択するスキームによって自社及び株主の課税関係が異なります。どのような場合にどのスキームを用いるのか画一的な基準はなく、自社の事業状況や財産状況、承継させる事業は全部なのか一部なのか、オーナー個人の資金需要、スキーム毎の税負担、承継先会社の希望など様々な条件をもとに検討します。中小企業の事業承継においては株式譲渡又は事業譲渡を選択することが一般的ですが、その中でも前述の諸々の条件を考慮して最適なスキームを検討します。

2 売買価額の決定

今回、Y社がX社の株式購入を検討してくれている、ということですが、税務面で気をつける必要があるのはX社の株式を売買するときの価額です。売主A及びBはY社への株式譲渡により株式譲渡所得が生じる場合には、その所得に対して所得税及び住民税が課税されます。その株式譲渡所得を計算する際の譲渡対価は、時価で計算します。売主A及びBと買主Y社がともに第三者でとくに利害関係もない者同士であれば、その売主と買主の合意した価額が原則として時価となりとくに問題はありません。しかし、利害関係があるなどにより、その売買価額が時価と著しく乖離した価額となった場合には、みなし譲渡として時価で譲渡したものと株式譲渡所得が計算され、場合によっては一時所得（又は給与所得）が課税されます。このときの時価は実務では所得税基本通達59-6にしたがって計算された価額を用いることが多いため、この通達で算出した価額と著しく乖離した価額で譲渡した場合には、みなし譲渡による課税が行われる可能性があります。

3 株式譲渡所得

株式譲渡所得は、以下の算式により計算します。

　　　株式譲渡所得＝譲渡対価－取得価額－譲渡経費　…①

譲渡対価は、2で説明した時価となります。取得価額は、A及びBそれぞれがX社の株式を取得したときの価額となります。譲渡経費は、今回のM&Aに伴い仲介者やアドバイザーがいる場合にはそれらの者に対する報酬が該当します。

算式①がプラスの場合にはその株式譲渡所得に対して所得税等及び住民税が課税されます（20.315％）。株式譲渡所得は給与など他の所得とは区分して課税されます。

算式①がマイナスの場合には、そのまま切り捨てられます。上場株

式を譲渡した場合には、配当との損益通算や損失繰越などの制度がありますが、非上場株式の場合にはそのような制度が無いため、他に非上場株式の株式譲渡所得がないときは損益通算するものがなく、その譲渡損はそのまま切り捨てられます。

4　役員退職慰労金の支給

　株式譲渡により事業承継する場合に、その譲渡対価の一部を会社からの役員退職慰労金に換えて支給を受けることがあります。役員退職慰労金の支給はX社の損金となり、事業承継後のY社にとってはその分法人税を節約することができます。したがって、役員退職慰労金の支給を受けるA及びBにとっては、その法人税の節税効果分を譲渡対価に反映するよう交渉する材料とすることができます。株式譲渡対価の一部を役員退職慰労金に換えて受け取ったとしても、退職所得は株式譲渡所得と同様に給与など他の所得とは区分して課税され、その計算方法も給与など他の所得と比べて優遇されているため、株式譲渡対価と合わせた全体の手取り額が大きくなることが多いです。したがって株式譲渡の際に併せて役員退職慰労金の支給を行うことが多く行われています。

3 第三者に仲介してもらって売却先を探す場合

ケース2

当社X社は、スーパーマーケット「Xスーパー」の営業を行っている小売業の会社です。小売業に付随して、代表取締役社長Aが元来在籍していた大手スーパーマーケットへの卸売業も行っているほか、賃貸不動産も所有しています。Aが長年付き合っている優良な取引先から、良い商品を仕入れて販売しています。

当社では、当社の株主がY社に発行済み株式すべてを売却する計画を進めていましたが、当該協議は頓挫してしまいました。Y社から、Xスーパーの店舗の土地をAが所有していること、賃貸不動産の収益が十分に上がっていないこと、株主総会について株主総会議事録を作成するだけで実際に開催せずに済ませていたことなどが問題視されたためです。

第三者の仲介先を選定して再度売却を探りたいと思います。どのようなことに留意して手続を進めていけばよいでしょうか。

回答

第三者から見てX社がM&Aを行うに相応しい会社になるよう、経営状況・経営課題等の把握（見える化）を行ったうえで、経営改善（磨き上げ）を行いましょう。経営改善（磨き上げ）は、本業の競争力強化、ガバナンス・内部統制の向上、経営者と会社との関係の明確化、法的手続の実施などの観点から検討されることになります。

M&Aの支援は、証券会社、金融機関、コンサルティングファームM&A専門業者あるいは弁護士や税理士といった専門家などに対して依頼することになり、仲介契約又はアドバイザリー契約を締結することになります。

第4章 M&A (Step2-3)

法務からのアプローチ

　第三者がM&Aを行うにあたっては、事業の現状について厳しい目でチェックされることになります。まずは第三者から見て魅力的な事業になるよう、経営状況・経営課題等の把握（見える化）を行ったうえで、経営改善(磨き上げ)を行って事業の価値を上げていきましょう。

1　経営状況・経営課題等の把握（見える化）

　経営状況、経営課題、経営資源など、自社の現状を正確に把握することが第一歩になります。会社の経営に関連する事実をもとに、会社を取り巻く社会経済状況の変化や競合の動向などの外部環境も加味して、自社の強みと弱みを把握していきます。

2　経営改善（磨き上げ）
(1)　本業の競争力強化

　次に、自社の強みを伸ばし、弱みを改善する取組みが求められます。中小企業の場合、経営資源が限られるので、とくに自社の強みを伸ばすことを意識すべきです。技術力を活用して製品の高精度化や納期短縮を目指す、営業力を活用してニッチ市場を抑えたり大手企業との取引関係を強化したりするといった方法が考えられます。その基盤として優秀な従業員を採用したり従業員のスキルを高めたりすることも重要です。

　X社には、Aが長く付き合っている優良な取引先などの仕入れ先があり、かつ、大手スーパーマーケットへの販路も有している強みがあります。そこで、仕入商品を強化する、販路を拡大するなどの方策を探ることが考えられますし、小売業と卸売業のいずれかに特化するなどの営業戦略も考えられるかもしれません。また、収益の上がっていない賃貸不動産については、処分も含めて有効活用を検討すべきでしょう。

(2) ガバナンス・内部統制の向上

中小企業の経営は、経営者個人の能力や個性に依存していることが多く、それが会社の強みでもありますが、事業を永続させるためには、ガバナンス・内部統制の向上にも取り組まなければなりません。具体的には、社内の職制や職務権限を明確にして、経営者の権限を委譲していくことや、各種規程やマニュアルを整備して業務効率化を実現していくことなどが挙げられます。

X社においては、仕入先や大手スーパーマーケットなどとの関係性が創業者由来のものであり、このような関係性を長期にわたり維持するための内部体制を構築することなどが考えられます。

(3) 経営者と会社との関係の明確化

経営者所有の不動産を事業に利用している場合、契約関係が曖昧なことが多いうえに、経営者が交代した場合には、関係がこじれることも考えられます。逆に、会社所有の自動車を経営者が利用したり、会社の交際費が私的に利用されていたりすることもあります。線引きを明確にし、財務の透明化を図りましょう。

X社では、Xスーパーの店舗の土地をAが所有している点について、賃貸関係を整理し、X社が永続的に利用できるような方策を検討する必要があります。

(4) 法的手続の実施

株主総会や取締役会については、実際に実施して議事録を作成し、法定の株主名簿を完備するなど、コンプライアンスにも努める必要があります。株主総会を開催していないのに開催したものとして議事録を作成した場合や、総会は開催されているものの決議の手続に重大な違法があるような場合、株主総会決議不存在確認の訴えを提起される

可能性があります。提訴権者や提訴期間に限定がなく、会社にとってリスクが大きい訴えです。

X社においても、株主総会を現実に実施しないことのリスクを認識し、法定の手続を行うようにすることが求められます。

3　仲介者・アドバイザーの選定

X社では、磨き上げを行った後、買主の探索などをM&A専門業者や金融機関に依頼することが考えられます。

仲介契約とアドバイザリー契約には、それぞれ次のような特長があります。譲渡会社の希望及び仲介者・アドバイザーの得意分野を踏まえて、協議のうえ契約を締結します。

仲介契約	アドバイザリー契約
・仲介者は相手先企業をよく知っていることが多く、双方の利害を調整して適切に話を進めることが期待できる。 ・仲介者が紹介する会社が仲介者の重要顧客である場合などに、当該会社の利益を重視してしまう可能性がないとはいえない。	・アドバイザーの専門性に応じて個別の依頼をすることができる。 ・依頼者の利益を最大限追求する業務が期待できる。 ・交渉において一方の立場からの主張に拘泥すると、合意形成が妨げられる可能性がある。

これらの仲介者・アドバイザーは、着手金や中間着手金に加え、レーマン方式という成功報酬体系での成功報酬を請求することがあります。レーマン方式は、取引金額に応じて報酬料率が逓減する仕組みになっており、たとえば、取引金額が5億円以下の部分は5％、5億円超10億円以下の部分は4％、10億円超50億円以下の部分は3％といった定め方をします。このうち、とくに「取引金額」は「株式譲渡対価」とする場合だけでなく、「移動総資産（株式譲渡対価に負債を加算した金額）」や「企業価値（株式譲渡対価に有利子負債を加算した金額）」とすることもあり、どの方法を採るかによって金額が大き

く変わるため、注意して確認する必要があります。

> **税務からのアプローチ**

　第三者の仲介先を選定して会社を売却する際の税務上の留意点は、いかに会社を高い金額で売却できるか、オーナー及び会社の税負担をいかに低いものとできるか、事前に財政状態を整理するとともに最適なスキームを検討することです。

1　スキーム検討前の整理

　中小企業の場合、デューデリジェンスを行った結果、会計税務の面が問題となることが多くあります。

　したがって、外部への事業承継を考える際には、自社はどのようにすれば高い評価でM&Aできるのか、という観点で事前に会計税務の面を整理しておく必要があります。内容は会社によって千差万別ですが、一般的には以下の点を対処することがあげられます。

(1)　自社の財務諸表が適正な会計処理によって作成されているか

　中小企業の場合、法人税申告のための会計処理となっていることが多くあります。たとえば、減価償却が毎期適正に行われていない、各種引当金が計上されていないなどです。中小企業が会計書類を作成するための指針として、中小企業の会計に関する指針が公表されています。当指針にしたがって会計処理することも検討に値します。

(2)　オーナー個人所有の事業用資産の整理

　オーナー所有の土地の上に事業用資産がある、又はオーナーと会社間で金銭貸借関係があるなどオーナー個人財産と自社との間で何かしらの権利関係がある場合には、各財産について契約関係を明確なもの

にしておくこと又は事前に処分（解消）しておくことが大事です。

(3) 不良財産の処分

今回のX社のように不良不動産などの財産がありM&Aを行う上で支障がありそうな場合には、事業承継前に売却するか、当財産に関する事業以外の事業を別会社に分割移転するなどM&Aを行いやすい環境を作る事が大事です。

(4) 事業譲渡も踏まえた財産整理

会社の中に優良事業と不良事業が混在する場合には、事業承継の方法として事業譲渡も選択肢として出てきます。株式譲渡と事業譲渡両方とも対応できるよう、各事業に付随する事業用資産を明確にしておく、契約関係の書類を分類しておくなど事業譲渡でも対応できるよう整理しておくことも大事です。

このような整理をしながら本章**2**ケース1の1と同様に、自社及び株主にとってどのようなスキームが最適かどうか、再度検討していくことになります。

2　売買価額の決定

第三者の仲介により売主と買主の間で合意した価額が原則として時価となります。本章**2**ケース1の2のようなみなし譲渡の問題は生じません。

3　株式譲渡所得

株式譲渡のスキームを選択した場合の株式譲渡所得の計算は、本章**2**ケース1の3と同様になります。第三者の仲介先に支払う仲介手数料は、株式譲渡所得の計算上、譲渡経費として取り扱います。

4 事業の一部だけ譲渡する場合

> **ケース3**　当社X社は、スーパーマーケット「Xスーパー」の経営を行う小売業・卸売業と不動産賃貸業とを事業の両輪としています。当初、いずれの事業についてもY社に引継ぐべく、当社の株主が当社の全株式をY社に譲渡する株式譲渡契約を締結する予定でした。しかし、不動産は価値が高く、Y社の買収資金にも限界があるうえ、Y社が主に関心を有しているのは「Xスーパー」の事業であるため、Y社に対しては小売業・卸売業のみを売却し、不動産賃貸業は当社が引き続き事業運営することになりました。
>
> 事業譲渡について、基本的な手続の流れを教えてください。

回答　事業譲渡の対象は、不動産や動産などの事業用財産に製造・販売等のノウハウが付随したものになり、簿外債務や不良債権は引継がないようにすることができます。従業員との間の雇用関係や得意先・仕入先との間の取引関係は譲渡の対象になりますが、契約の相手方から承継の同意を得る必要があります。

　手続としては、原則として、株主総会の特別決議（株主の過半数を定足数とし、その3分の2以上の賛成による決議）によって承認を得る必要があり、反対する株主は株式を買い取るよう会社に請求することができます。

法務からのアプローチ

1　事業の一部だけを譲渡する場合

　事業の一部だけを譲渡する場合、会社分割により会社を分割して承

継する方法と、譲渡対象事業だけを事業譲渡により譲り渡す方法が考えられます。会社分割は、契約関係や官公庁の許認可をそのまま買主に移転することができる点に最大のメリットがありますが、債権者保護手続などの諸手続が必要になります。そのため、中小企業においては、より手続が簡便な事業譲渡を選択することが多いと言えるでしょう。また、個人事業主が事業を承継する場合には、その事業は個人のものであって、株式譲渡や会社分割を行うことはできませんから、事業譲渡が唯一の方法となります。

2　事業譲渡の対象となる事業

　事業譲渡の対象となる事業とは、一定の営業目的のため組織化され、有機的一体として機能する財産（得意先関係等の経済的価値のある事実関係を含む。）であると解されています。したがって、不動産や動産などの事業用財産に製造・販売等のノウハウが付随したものが譲渡の対象となります。事業譲渡の場合、引継ぐ範囲を限定できるため、買主は、簿外債務や不良債権を引継がないようにすることができます。従業員との間の雇用関係や得意先・仕入先との間の取引関係を、譲渡の対象として引継ぐことになります。

　雇用関係や取引関係といった契約関係は、契約の相手方の同意がない限りは、有効に移転することができません。したがって、事業譲渡にあたっては、譲渡会社と買主とが協力して契約の相手方から承継の同意を得る必要があり、必然的に、事業譲渡を行う旨を開示することになります。そのため、秘密情報の流出に最大限注意を払う必要があります。クロージング後であれば問題になりませんが、同意が取得できないことが事業の円滑な継続に大きく影響するような重要な契約が存在するときは、クロージング前に同意を取得するようにしたり、同意が取得できなかったときの対処について契約上明記したりすること

で対応します。

一方で、事業譲渡では、官公庁の許認可を引継ぐことはできません。また、買主としては、承継した事業の従業員の労働条件等を買主のものと統合しなければいけません。M&A成立後の経営統合プロセスのことをPMI（ポスト・マージャー・インテグレーション）と言いますが、事業譲渡の場合、PMIへの対応についても十分に準備をする必要があります。

3　事業譲渡の手続の流れ

事業譲渡においては、原則として、株主総会の特別決議（株主の過半数を定足数とし、その3分の2以上の賛成による決議）によって承認を得る必要があり、反対する株主は株式を買い取るよう会社に請求することができます。ただし、例外的に特別決議が不要になるものもありますので、図表1を参照してください。

【図表1】

類型	譲渡の対象	株主総会による承認手続
事業譲渡	事業の全部又は重要な一部の譲渡（譲渡する資産の帳簿価額が総資産額の5分の1を超えない場合を除く）	特別決議
事業全部譲受け	事業の全部の譲受け	特別決議
略式事業譲渡等	譲渡・譲受けの契約の相手方が、総株主の議決権の10分の9以上を有する場合	不要
簡易事業全部譲受け	事業の全部譲受けの対価として交付する財産の帳簿価額の合計額が買主の純資産額の5分の1を超えない場合	不要

事業譲渡においても、基本合意書の締結、DD、最終契約書の締結、クロージングといった手続を行うことについては、本章**1**「1　M&Aによる社外への引継ぎの手法と留意点」のとおりです。

第4章 M&A (Step2-3)

税務からのアプローチ

　事業譲渡を検討するにあたっての税務面の手続は、まず税務上のメリット及びデメリットを確認し、課税関係を整理します。その後、譲渡する事業の資産及び負債を切り分けて、譲渡対価を決定していきます。

1　事業譲渡の課税関係

(1)　法人税

　事業譲渡した場合、X社は通常の資産の譲渡と同様に事業譲渡時の時価でY社に譲渡したものとして譲渡損益を計算します。X社とY社がともに第三者でとくに利害関係もない者同士であれば、両者で合意した価額が原則として時価になります。しかし、利害関係があるなどにより時価と異なる価額で取引した場合（とくに低額譲渡）には、X社に新たな課税関係が生じるため注意してください。

(2)　消費税

　事業譲渡は、通常の資産の譲渡と同様に、個別に資産を譲渡したものとして取り扱います。したがって、譲渡した事業のうちに消費税の課税対象となる資産が含まれている場合には、その資産の譲渡に対して消費税が課税されます。事業譲渡の場合、資産だけでなくその事業に付随する負債もまとめて譲渡することがあります。その場合、譲渡対価は負債控除後の金額となりますが、消費税はその控除前の資産個別の譲渡対価が消費税の計算対象になりますので注意が必要です。

2　事業譲渡のメリット及びデメリット

　事業譲渡の場合、引継ぐ事業の範囲を売主と買主間で契約により明

確にして行われるため、財務及び税務デューデリジェンスが最小限に済み、実施コストが少なくなります。また事業譲渡に伴い事業譲渡益が生じる場合には、買主において資産調整勘定が生じ、法人税の節税効果が期待できます（本章 5 ケース4参照）ので、その節税効果分、事業譲渡の対価を増額するよう交渉できる可能性が出てきます。

　ただし、事業譲渡の場合、法人間取引のためその事業譲渡の対価はオーナー個人には帰属せず法人に帰属します。したがって、オーナー個人に資金需要がある場合には、法人からオーナー個人に配当する必要があります。配当した場合、オーナー個人に配当課税（非上場株式の場合には総合課税）として高くなると約50％課税されますので税負担上不利となります。反対にオーナー個人に資金需要がなく法人にその事業譲渡の対価を残しておくことができる場合には、オーナー個人が現金で持っておくよりも法人の株式として持っておいた方が相続税評価上有利となります。以上のことから、事前のスキーム検討が非常に重要となります。

5 過大負債が生じているケース

ケース4

当社X社は、スーパーマーケット「Xスーパー」の経営を行う小売業・卸売業と不動産賃貸業とを事業の両輪としています。当社は、事業を引継ぐ先としてY社と交渉していましたが、当社が金融機関から借り入れた債務が過大であり、内容が不確かな債務も複数見つかって、実質的には債務超過であることが判明してしまったため、Y社が事業の承継に難色を示しました。ただし、それらの債務は不動産賃貸業にかかるものであり、小売業・卸売業については十分な収益が上がっているため、小売業・卸売業のみ事業譲渡でY社に譲り渡す方向で話を継続しています。

当社は、不動産賃貸業については事業を終え、所有不動産を売却して、事業も清算するつもりですが、全ての債務を支払うことができるかどうかはわかりません。

当社とY社は、どのような点に留意すべきでしょうか。

回答 債務超過の状況で一部の優良事業を切り離し、事業譲渡や会社分割を行った場合、債権者から見て債権の引き当てとなる価値のある財産が外部に逸出することになります。そのため、当該事業譲渡や会社分割の効力は、債権者の詐害行為取消権や破産手続後の破産管財人の否認権の行使により、否定される可能性があります。したがって、事業再生の観点からスキームを検討する必要があり、経験ある弁護士の支援を受けることが求められます。

法務からのアプローチ

1　総論

　譲渡会社の財務・経営状況が全体としては悪いものの、その一部に優良事業を有しており、当該優良事業についてのみ引き受け手がみつかることがあります。

　しかし、債務超過の状況で一部の優良事業を切り離し、事業譲渡や会社分割を行うことについては、慎重に検討する必要があります。なぜならば、債権者からみて債権の引き当てとなる価値のある財産が外部に逸出することになるため、当該事業譲渡や会社分割の効力が否定される可能性があるからです。

2　詐害行為取消権

　まず、譲渡会社の債権者が、詐害行為取消権を行使する可能性があります。詐害行為取消権とは、債権者が、債務者による財産逸出行為を取り消し、逸出した財産を債務者に返還させることのできる権利です。詐害行為取消権は、裁判所に訴えを起こす方法でのみ行使することができます。

　譲渡会社が債務超過の状況であれば、優良事業を切り離して譲渡し、換価することは、たとえ適正価格であったとしても、代金が費消ないし隠匿される結果につながるため、詐害行為と判断される可能性があります。ましてや、適正価格よりも安価で処分された場合には、詐害性を否定するのは難しくなります。

3　否認権

　譲渡会社が優良事業を切り離して譲渡した後、裁判所に破産申立てをして、破産手続に入った場合には、譲渡会社の管理処分権を得た破産管財人が、事業の譲渡について否認権を行使する可能性があります。

否認権とは、破産管財人が、破産会社が行った財産逸出行為の効力を覆滅させる権利です。否認権の行使により、逸出した財産は原状に復することになります。否認権は、裁判所に対する訴えあるいは否認の請求という裁判所の決定手続で行使されます。

否認権は、総財産の価額を減少させる行為（詐害行為）や債権者の平等を害する弁済等の行為（偏ぱ行為）を対象としており、譲渡対価を受け取る財産の処分行為も対象になります。譲渡対価が不相当に安価であった場合はもちろん、適正価格によるものであったとしても、譲渡価格が費消ないし隠匿されるものと契約当事者が知っていたならば、否認権行使の対象になります。

また、譲渡対価を根拠のない報酬を支払ったり、貸付けを行ったり、特定の債権者への弁済に充てたりする行為については、やはり破産手続開始後に破産管財人が否認権を行使する対象になります。

4　事業再生の観点の必要性

詐害行為取消権や否認権の行使が裁判所によって認められた場合、優良事業の譲渡は効力を失い、事業承継が頓挫するだけでなく、譲渡先にも多大な迷惑をかけることになります。

そのため、債務超過会社における優良事業の譲渡は、必ず譲渡会社の債務整理の一貫として行う必要があります。単に優良事業を存続させることだけを事業再生として位置付けるのではなく、譲渡会社の事業を全体として再生させなければいけません。事業再生について経験のある弁護士の支援を受けることが求められます。

なお、譲渡会社の債務整理の手段としては、準則型私的整理手続又は法的手続が挙げられます。準則型私的整理手続としては、①特定調停を用いた債務整理、②中小企業再生支援協議会（再生支援協議会）による債務整理、③地域経済活性化支援機構（REVIC）の支援によ

る債務整理などがあります。法的手続としては、清算型として破産手続や特別清算手続、再生型手続として民事再生手続が考えられます。

5　本件における具体的対応

　X社では、小売業・卸売業を切り出してY社に事業を承継させることになるため、承継される事業の債務のみがX社に残されるような詐害的なものになっていないか、承継する資産と負債の内容を精査することが必要になります。また、公認会計士や税理士から承継する事業の対価となる事業譲渡代金が適正なものであるかについて、適切な評価を受け、場合によっては債権者に開示するなどの配慮も求められます。そして、事業譲渡代金については、X社に残す不動産賃貸事業の債務の弁済に充てられることになりますが、全債務を弁済することができない場合には、準則型私的整理手続又は法的手続のルールに則り整理を進める必要があります。

税務からのアプローチ

　X社の税務上の留意点は、事業譲渡により移転する資産及び負債の切り分けとその対価の決定、及び残った事業に関する債務免除益への課税の対処を検討することです。

1　X社の留意点

(1) 事業譲渡のメリット

　事業譲渡する場合のメリットは本章**4**ケース3の2を参照してください。X社において借入債務が過大ですので、事業譲渡に伴い債務を移転する場合にはどの程度にするのか、金融機関と交渉し同意を取り付ける必要があります。

(2) 事業譲渡の課税関係

X社における事業譲渡に伴う課税関係は、本章**4**ケース3の1を参照してください。

(3) 残った事業の清算

事業譲渡後に残った事業については、事業を再生して改めて売却先を探すか、財産を処分して清算するかいずれかの方法を採ることになります。いずれの場合においても、債務を整理するにあたり、X社において債務免除益に対する課税が生じます。その債務免除益に対して期限切れ欠損金を利用できるなど税務面で納税が生じないような制度が設けられています。詳細は、事業再生か廃業か、それぞれのケースに応じて第3章親族外承継**6**ケース5又は第5章廃業の総論を参照してください。

2 Y社の留意点

Y社の税務上の留意点は、事業譲渡により受け入れる資産と負債の価額の決定及び資産調整勘定と負債調整勘定の認識です。

(1) 事業譲渡のメリット

事業を譲り受けるY社の会計税務面のメリットは、以下の4点が挙げられます。

① 譲受資産及び負債が契約にて明確となり、簿外負債を引継ぐことがない。
② 資産調整勘定部分について損金算入できる（以下(2)①参照）。
③ 譲り受けた固定資産は中古資産となり、法定耐用年数とは異なる見積使用可能期間（又は簡便法による年数）により減価償却できる。
④ 譲受資産について消費税を仕入税額控除できる。

(2) 事業譲渡の課税関係
① 法人税

事業譲渡により資産を譲り受けた場合、その資産の取得価額は、譲受対価の額に仲介業者の報酬などの付随費用を加算した金額となります。

譲受資産及び負債の時価純資産価額と譲受対価の額に差額があるとき又は譲受負債の内容によって、Y社は資産調整勘定や負債調整勘定を認識します（図表1）。資産調整勘定及び負債調整勘定の法人税上の取扱いは、図表2のとおりです。

Y社が譲り受けた資産は、そのY社が選択していた評価方法及び償却方法にて処理します。譲受資産はY社にとって中古資産となり、耐用年数は法定耐用年数とするか、見積使用可能期間（又は簡便法により算定した年数）とするか選択します。

X社から事業を譲り受けるときの時価は、通常の第三者間で取引された場合の価額となります。したがって、その譲受対価の額が時価と異なる価額で取引され、その差額に合理的な理由がない場合には、Y社に新たな課税関係が生じますので注意してください。

② 消費税

事業譲渡は、通常の資産の取得と同様に、譲受資産のなかに消費税の課税対象となる資産がある場合には、その資産の内容によっては課税仕入れとなります。課税仕入れの金額は、Y社が実際に支払った金額となりますので、時価と異なる譲受対価で取引したとしても、その実際の譲受対価で計算します。また、資産の価額と負債の価額を相殺して譲受対価を支払っても、相殺前の価額が課税仕入れの金額になります。

③ 不動産取得税及び登録免許税

譲り受ける資産に不動産が含まれている場合には、通常の売買と同様に不動産取得税及び登録免許税が課税されます。

【図表1】

【1】譲受対価の額＞時価純資産価額の場合　　**【2】譲受対価の額≦時価純資産価額の場合**

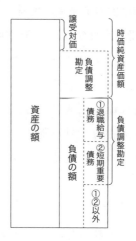

【図表2】

項　目		内　容	税務処理
資産調整勘定		【譲受対価の額＞時価純資産価額の場合】譲受対価の額と時価純資産価額の差額	譲り受けた日から60か月間の月割りで減額 減額した金額は損金算入
負債調整勘定	退職給与債務	事業の譲り受けに伴い引継いだ従業員の退職給付債務	従業員でなくなった場合や退職給与を支給した場合に減額 減額した金額は益金算入
	短期重要債務	譲り受けた事業の利益に重大な影響を与える将来の債務で、その履行が事業を譲り受けた日から3年以内に見込まれる債務	実際に債務を履行した場合や事業を譲り受けてから3年を経過した場合に減額 減額した金額は益金算入
	上記以外	【譲受対価の額＜時価純資産価額の場合】譲受対価の額と時価純資産価額の差額	譲り受けた日から60か月間の月割りで減額 減額した金額は益金算入

第5章

廃業
Step 2-4

Chapter 5

第5章 廃業（Step2-4）

1 総論

法務からのアプローチ

　長年にわたり会社で行ってきた事業について、事業承継ができず、やむなく廃業を選択せざるを得ない場合、会社においては、株主総会を開催して会社法上の解散手続を行ったうえ、会社の資産を換価して、債務を弁済し、さらに残余財産がある場合には株主に分配するための清算手続が必要になります。

　また、会社が債務超過の場合には、会社法上の特別清算手続又は破産手続により会社を清算することになります。

　特別清算手続は、債務超過である状況に照らして、裁判所の関与のもとで一定の行為の制限があり、また、①税金や社会保険料などの公租公課、労働債権などの優先債権について全額弁済すること、②債務免除等の権利変更を受けるためには債権者集会に出席した議決権者（議決権を持つ債権者）の過半数の同意、及び議決権者の議決権の総額の3分の2以上の同意が必要となるなど、法律に規定された手続を行う必要があります。

　また、会社が債務超過の場合で、会社の債務について保証人がいるときは、保証人について保証債務の整理が必要となります。

　このような保証債務の整理については、破産手続や個人再生手続などの法的整理手続のほか、平成26年2月から運用が始まっている「経営者保証に関するガイドライン」（経営者保証ガイドライン）等を利用した私的整理手続があります。

　経営者保証ガイドラインを利用して保証債務を整理する場合、①破産手続などの法的手続によらずに債務を整理できる、②信用情報機関への登録（いわゆるブラックリストへの登録）が回避できる、③破産手続よりも多くの財産を残せる可能性があるなどのメリットがあります。

1 総論

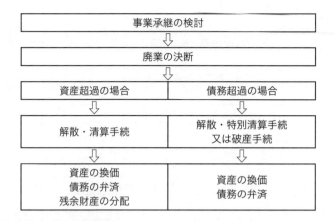

税務からのアプローチ

1 法人税

(1) 解散・清算スケジュール

　法人の解散・清算手続（以下、私的整理として行う通常の清算を前提とします）のスケジュールは**図表2**のとおりです。留意点は、**図表1**のとおり、「解散の日」をもって事業年度がそこで区切られて、その解散の日までを1事業年度とみなして決算・申告手続を行う点と、それ以降1年毎に（合同会社等の持分会社については解散の日の翌日から定款に記載した事業年度終了の日までを清算事業年度1期目とし、それ以降は1年毎に）通常の事業年度と同様決算・申告手続を行う必要がある点です。なお解散事業年度、清算事業年度の申告期限は

【図表1】

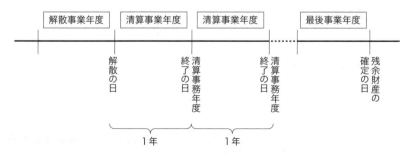

第5章 廃業（Step2-4）

【図表2】

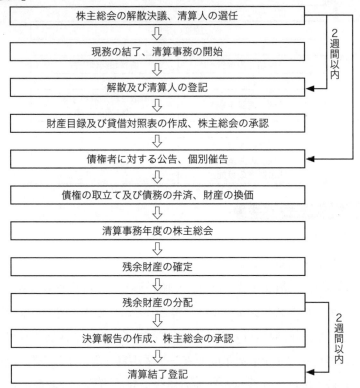

通常の事業年度と同様に、2か月以内となりますが、残余財産確定の日を末日とする最後事業年度の申告期限は、その末日の翌日から1か月以内（その残余財産確定の日の翌日から1か月以内に残余財産の最後の分配が行われる場合には、その残余財産の分配が行われる日の前日まで）になります。

(2) 解散事業年度
① 概　要

解散をすることで「解散の日」をもって事業年度がそこで区切られることは(1)で説明済みですが、法人税の課税方法は通常の事業年度と何ら

変わりありません。解散事業年度であっても、原則的な課税方法である損益法で課税されることになりますので、通常の事業年度と同様に所得計算を行うことになります。なお解散の日と事業年度の末日が異なる場合には解散事業年度が1年未満となりますので、その場合には、減価償却費、交際費の定額控除限度額、寄附金の損金算入限度額、中小法人等の特別税率の適用金額等の月割り計算が必要な規定に留意が必要です。

② 欠損金の繰戻還付

通常の事業年度における欠損金の繰戻還付は、平成32年3月31日までの間に終了する事業年度まで、大規模法人に支配されていない中小企業者等に適用が限定されています。しかし、解散した場合には適用対象者の制限はなく、解散事業年度の欠損金を、その直前の事業年度に課税所得がある場合には、その直前の事業年度に繰り戻して(又は解散事業年度の前事業年度の欠損金を、その直前の事業年度に課税所得がある場合には、その直前の事業年度に繰り戻して)、法人税の還付を請求することができます。

③ 役員退職金の損金算入

法人の解散に伴い、役員に対する退職金の支給も検討することになりますが、その退職金を損金に算入できる時期は、原則として株主総会の決議により退職金の金額が具体的に確定した事業年度になります。役員に対する退職金は金額が比較的に多額になることが想定されますから、どの時点で損金に算入するかは、課税所得を圧縮するうえで重要と言えます。なお代表取締役等の役員が法人の解散後に、引き続き清算人として会社に在籍することも考えられますが、その場合でも役員を退職したものとして扱われます。

(3) 清算事業年度

「解散の日」の翌日から清算事業年度がスタートしますが、解散事業

年度と同様に損益法により課税されますので、引き続き通常事業年度と同じ所得計算を行うこととなります。

そして法人が解散した場合において、残余財産がないと見込まれる(債務超過の場合又は純資産がゼロの場合)ときは、財産の換価処分や債務免除等により課税所得が発生した場合でも、青色欠損金[1]の他、期限切れ欠損金[2]の損金算入を認めており、課税所得を圧縮することが可能となっております。なお清算事業年度以降に欠損金が生じた場合でも、(2)②で紹介しました欠損金の繰戻し還付を適用することができます。

(4) 最後事業年度
① 概　要

最後事業年度とは、残余財産の確定の日が含まれる事業年度のことを言い、残余財産が確定した場合には、その事業年度開始の日から残余財産の確定の日までを1つの事業年度として、最後の確定申告を行います。また解散事業年度、清算事業年度と同様に最後事業年度についても原則的な課税方法である損益法で課税されることとなります。そのため借入金の債務免除益も当然に課税対象となるので、(3)の清算事業年度の項目でもご説明しましたように、青色欠損金及び期限切れ欠損金の損金算入制度を考慮したタックス・プランニングが引き続き重要となります。

② 残余財産の分配

法人の清算手続にて、最終的に残余財産がある場合には、その清算法人は株主に対してその残余財産の分配を行っていくことになります。

---

[1] 青色欠損金の取扱い　青色申告法人の各事業年度で発生した赤字額のことを言い、それを向こう9年間に渡り繰越して、将来の所得と相殺できる制度です。なお平成30年4月1日以後に開始する事業年度において生じた青色欠損金からは、繰越期間が10年になります。

[2] 期限切れ欠損金の取扱い　青色欠損金を所得と相殺できずに繰越期間を過ぎてしまった過去の欠損金のことを言います。適用順序は、まず青色欠損金を損金に算入し、それでも課税所得がある場合には、この期限切れ欠損金を追加で損金に算入することができます。

そしてその残余財産の分配については、分配金額のうち出資の払戻し部分、配当部分及び株式の譲渡損益部分に区分されることとなります（図表3参照）。なお残余財産の分配を受取る株主のうち法人株主については、支配比率により配当部分について益金不算入制度があり、個人株主についても、同様に配当部分について配当控除の制度があり、法人・個人ともに配当に係る税負担を減らす制度が存在します。

【図表3】

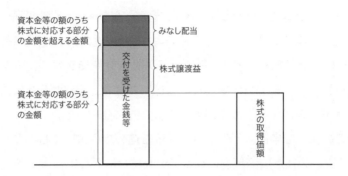

国税庁ホームページより

③ 青色欠損金の引継ぎ（親会社と子会社が完全親子関係である場合）

　法人の最終的な清算手続にて、その清算法人において残余財産の確定時でも各事業年度で控除しきれなかった青色欠損金が最終的に残ってしまうことも考えられます。その場合には当該清算法人の完全親法人が、その残った青色欠損金を引継ぐことができます。ただし、その完全親法人側で、その清算法人の株式の消滅損については損金が不算入となっています（図表4参照）。

【図表4】

清算法人とその法人株主との間の完全支配関係	なし	あり
株式の消滅損の計上	○	×
青色欠損金の引継ぎ	×	○

2 事業譲渡などを実施したうえで廃業する場合

ケース1　X社は創業40年の会社で、近年は僅かながら営業黒字となっていますが、金利を払うとマイナスになる状況です。また、金融機関からの借入金にはA社長が個人保証をしています。

A社長は、高齢になり自身では事業継続が難しくなってきたことや、今後事業を継続していくと債務超過に陥る可能性が高いと考え、廃業を決意しました。その後、廃業の意向を取引先S社のB社長に伝えたところ、B社長からX社の従業員を含めて事業を譲り受けたい旨の打診を受け、協議した結果、X社がS社に対して事業を売却したうえで廃業することになりました。

このような場合、どのように手続を進めたらよいでしょうか。また、X社が債務超過になっていた場合はどうでしょうか。

回答　一般的な事業譲渡手続の進め方としては、①当事者間で取引内容・取引条件を協議していく、②協議のうえで合意した内容を契約書に反映して締結する、③契約書の合意内容を実行するという段階に分けられます。取引内容や取引条件については、ビジネス上で重要と考えられる点（譲渡金額、譲渡資産・承継負債など）だけでなく、実行するための条件や取引の前提事実（表明保証）などについても合意しておく必要があります。

そのため、弁護士や税理士・公認会計士などの専門家の助言を受けながら手続を進めるべきと言えます。

また、譲渡会社であるX社が債務超過の場合には、事業譲渡後に資産超過に転じなければ、債務の整理を行うことになるため、株主だけでなく債権者の了解のもとで手続を進める必要があり、その場合、事

業譲渡後に譲渡会社の清算手続を行うことになります。

法務からのアプローチ

1 取引条件の確定

　社長同士で取引の大枠、たとえば「X社の事業を4000万円で譲渡する」という基本的な枠組みについて合意ができたとしても、実際に実行するまでには、①事業の内容が想定する内容と相違ないか予め確認すること、②承継する資産・負債の特定や各種条件など細部について契約すること、③法律上の手続を遵守して契約を実行すること、④実行後に円滑に事業が継続することが必要になります。

　設例の場合、契約書で明確にしておくべき内容は、主として次のものが挙げられます。

- X社からS社に移転する資産・負債・契約の特定
- 承継する従業員の範囲、承継後の労働条件
- 取引先との契約継続のために行うべきX社の義務
- S社からX社への支払額と支払時期
- 契約の実行（代金支払）までに行うべきX社とS社の手続（取締役会決議、株主総会決議、債権者の同意など）
- 移転する資産に問題（瑕疵）がないことの確約（表明保証）

2 取引形態（スキーム）の確定

　設例の場合、事業を承継する方法として、一般的に、事業譲渡と会社分割という2つの方法が考えられます。

　事業譲渡の場合、契約書は事業譲渡契約書という1つの契約書となるものの、その内容は主に、資産の売買、債務の引受、契約上の地位の承継に分けられ、それぞれ必要な手続が異なります。

　まず、資産の売買について、不動産の場合には登記が必要となりま

すし、売掛金などの債権の売却の場合には債務者への確定日付による通知又は債権譲渡登記が必要となります（対抗要件の具備）。次に、買掛金を引継ぐ場合には債務の引受に該当しますので、債権者の承諾が必要となります。さらに、取引先との契約や賃貸借契約を承継するためには、相手方の承諾が必要となります。

このように、事業譲渡は、その取引内容ごとに権利義務を有効に承継するための手続をとる必要がある点に留意が必要ですが、株主総会の特別決議は必要となるものの、比較的早く実行できる点がメリットと言えます。

一方、会社分割は、会社の一部について包括的に承継する手続であり、事業譲渡のように移転する権利義務ごとの個別の手続は原則として不要となります。その代わり、会社分割の効力を発生させるためには、原則として債権者異議手続や公告手続が必要となるため、事業譲渡に比べて効力発生までに時間がかかります。

また、会社分割には、分割に際して会社を新設する新設分割と、既存の会社に吸収させる吸収分割があります。設例の場合、S社又はS社が設立した子会社が事業を承継する吸収分割による方法が一般的と思われますが、新設分割により会社を新設したうえで、新設会社の株式をS社に譲渡する方法も考えられます。

設例で、X社は、取引先の承諾などは得られると考えられたことから、比較的手続が簡便な事業譲渡による方法を選択しました。

3 資産の換価と債務の弁済（資産超過の場合）

会社を清算するにあたっては、資産を現金に換え、負債を整理（弁済）する必要があります。資産の換価にあたっては、一般に、単なる「物」として売却するよりも、設例のように「事業」として売却する方が高額となりますし、従業員雇用や取引先との契約が維持されやすい点で

望ましいと言えます。

　資産をすべて換価して現金化した結果、依然として資産超過の状態であれば、全ての債務を弁済した後、解散手続をとったうえで、株主に対して残余財産の分配を行い、清算結了します。なお、前述したとおり、解散時及び清算時にはそれぞれ確定申告が必要となります。また、最終的に、清算結了の登記を行うことによって清算手続は完了します。

4　債務の整理（債務超過の場合）

　一方、X社が債務超過の場合、資産をすべて換価して現金化しても債務を全額弁済できない状態ですので、債務の整理（債務免除）が必要となります。

　具体的には、たとえば金融機関からの借入金の一部について債務免除を受けることが考えられます。そのための方法として、法的手続と私的整理手続があります。通常は、私的整理の方が、商取引債権の保護など柔軟な債務整理が可能となるので私的整理による債務免除を検討し、それが難しい場合に法的整理を検討します。

　また、設例では、A社長は、X社の金融機関からの借入金について個人保証をしていて、かつ、X社は借入金全額の弁済ができない状況ですので、X社が廃業する場合、金融機関からA社長に対して保証債務の履行を求められることになります。

　このような場合、X社の債務整理とともに、経営者保証ガイドラインを利用してA社長の保証債務の整理を行うことが考えられます。

　設例の場合において、仮にX社がS社に事業を譲渡した結果、4000万円の対価を受け取ることができる一方で、事業の譲渡がなければ資産は1000万円にしか換金できなかったとします。また、従業員との労働契約が承継されることになり、解雇予告手当や退職金の支

払を免れる結果、1000万円の支出を免れることができたとします。

その結果、事業の譲渡をせずに廃業（特別清算又は破産）する場合に比べて、A社からの金融機関への弁済見込額が3000万円増加したときは、この3000万円を上限として、A社長の資産（華美でない自宅を含みます）を残せる可能性があります。上記の例では、A社長の代理人弁護士が経営者保証ガイドラインに基づき金融機関と協議した結果、現預金500万円と生命保険（解約返戻金300万円）、自宅（物件評価額と住宅ローン残高との差額が100万円）を残すことができました。

5 清算手続

X社について、S社に事業譲渡した後、まだ法人格が残っているので、解散手続及び清算手続を行う必要があります。

X社が資産超過の場合、株主総会を開催して解散を決議するとともに清算人の選任を行い、清算人が清算手続を進めていきます。具体的には、会社の全ての資産を換価したうえで、全ての債務を弁済し、残余財産について株主に分配します。また、解散確定申告や清算確定申告、清算結了の登記も行います。

一方、債務超過の場合、債務超過が解消されていないので、清算手続は特別清算手続か破産手続を選択することになります。特別清算手続をとる場合、解散手続や資産の換価手続は資産超過の会社と同様ですが、債務については全額支払うことができない状態ですので、公租公課や労働債権などの優先債権を除く一般の債権者について債務の一部免除や弁済方法を内容とする協定を作成し、法定の要件を満たす債権者の同意を得たうえで、債務を弁済し、残債務の免除を受けて、清算手続を結了します（このほか協定ではなく、債務免除の対象となる全ての債権者と和解契約を締結して債務の弁済及び残免除の免除を受

ける方法もあります。)。

設例では、S社への事業譲渡をせずに破産手続を選択する場合に比べて、商取引債権は全額弁済することを前提に事業譲渡する方が金融機関にとっても経済的合理性が認められます。

そのため、X社は、破産手続ではなく、特別清算手続を選択しました。その結果、公租公課、労働債権、商取引債権は全額弁済することができ、金融機関からの借入金についてのみ、X社の残余財産とA社長の個人資産を原資として、各金融機関の債権残高に応じた割合で弁済し、残額は特別清算手続の中で債務免除を受けて、清算手続を完了することができました。

税務からのアプローチ

1　事業譲渡を実施した場合

事業譲渡をしたうえで廃業する場合の税務のポイントは、事業譲渡の手法とその課税関係です。以下ではその点に絞って説明します。そして事業譲渡を実行した後に、法人が譲渡資金を債務の弁済に充てて解散・清算することになりますが、解散・清算の税務のポイントについては、本章**1 総論**の各項目を参照してください。

(1)　法人税

譲渡法人が廃業に伴って事業譲渡を行った場合には、時価で事業を譲渡したものとして扱われます。そして通常第三者との間で締結した事業譲渡契約に係る譲渡対価が時価と考えられます。したがいまして、その対価が譲渡直前の帳簿価額を上回れば、その差額だけ課税所得の対象となり、法人税が課税されることとなります。また譲受法人は各資産の時価合計を超える譲受代金で買受けた場合には、その差額については、法人税法上「資産調整勘定」として取り扱われ、5年間の月

割り償却をすることになります。

(2) 消費税

　譲渡法人が廃業に伴って事業譲渡を行った場合には、吸収分割等の包括承継には該当しないため、消費税の課税対象となります。具体的には、事業譲渡に伴い移転する資産を課税資産（在庫商品、建物や備品等）と非課税資産（現金預金、土地や金銭債権等）に区分したうえで、譲渡対価を各課税資産と非課税資産に区分し、消費税計算をすることとなります。なお譲受法人は各資産時価合計を超える譲受代金で買受けた場合には、その差額である「資産調整勘定」は課税仕入扱いとなり、仕入税額控除の対象となります。

2　吸収分割を実施した場合〜税制非適格分社型分割を前提〜
(1) 法人税

　会社を廃業するため、第三者である取引先の会社に事業を承継させるため会社分割を用いた場合には、分割法人は分割承継法人から分割の対価として株式ではなく金銭を授受することから、税務上はその分割は税制非適格かつ分社型分割（図表1参照）に該当することとなります。そのため分割法人が吸収分割により、所有資産及び負債の移転をしたときは、吸収分割の時における時価で所有資産及び負債を分割承継法人に譲渡をしたものとして、分割法人の課税所得を計算することとなり、上述した事業譲渡と同様の課税関係になります。

【図表1】

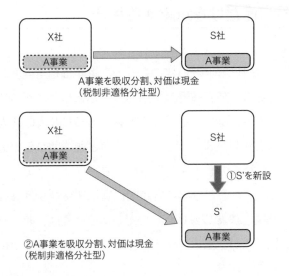

(2) 消費税

消費税法上では、条文上、課税の対象としては、「貸付金その他の金銭債権の譲受その他の承継(包括承継を除く)」とあるように、包括承継である吸収分割は消費税の課税対象外とされておりますので、吸収分割に伴う資産の移転につき、消費税を考慮する必要はありません。

【事業譲渡と吸収分割(税制非適格分社型分割)の異同】

	事業譲渡	吸収分割
法人税(譲渡課税)	○	○
消費税	○	×

3 会社資産だけを承継する場合

ケース2

　Y社は創業50年の会社で、近年は相当程度の経常赤字が続いており、債務超過状態に陥っていました。そして、このままでは1年後にはY社とその代表者であるC社長の個人資産が底をつくことが見込まれました。Y社の金融機関からの借入金については、C社長の個人保証があります。

　C社長は、できるだけ早い方が関係者に迷惑をかけないで済むと考え、廃業を決意しました。ただし、C社長は、取引先の債務は全額支払いたい、法人・個人ともに破産手続は避けたいという意向を持っています。

　このような場合にC社長の意向を実現しながら廃業することはできるのでしょうか。

回答　取引先の債務は全額支払いたいとのC社長の意向については、劣後的な扱いを受ける金融債権者の了解のもとであれば、実現可能と言えます。ただし、そのためには、早期の廃業による清算が、破産手続による清算の場合よりも、金融債権者にとって経済的合理性が認められることが必要となります。

　また、このような場合には、C社長の保証債務についても、経営者保証に関するガイドラインを利用することにより、全債権者の了解のもとで、破産手続によらずに保証債務を整理することができ、かつ、破産手続よりも多くの資産を残せる可能性があります。

法務からのアプローチ

1　総論

　債務超過会社で事業の承継もできない場合は、廃業を選択せざるを得ません。ただし、この場合でも、事業用資産を他社に売却して、有効活用していくことが考えられます。また、会社の財務状態がさらに悪化する前に早期に廃業を決断することにより、代表者に保証債務がある場合でも、経営者保証ガイドラインを利用し、破産手続を回避して債務整理を行える可能性があります。

　以下、具体例に即して検討していきます。

2　Y社資産の換価とC社長の個人資産の状況

　Y社は、廃業に向けて資産を換価していく必要がありますが、その際には、できるだけ高く換価することが求められ、不当に安く換価した場合には、後に破産手続に移行した場合に、当該取引を否認される可能性がある点に留意が必要です。

　設例において、たとえば、資産の換価として、本社土地建物の売却、売掛金の回収、在庫商品があり、これらの資産を売却した結果、それぞれ次の金額の回収ができたとします。また、その際のYの個人資産は次の状況でした。

Y社	現預金	：	1000万円
	売掛金回収	：	2000万円
	在庫商品の売却	：	1000万円
	本社土地建物	：	5000万円
	合計	：	9000万円
C社長	現預金	：	1000万円
	保険解約返戻金	：	500万円
	自宅土地建物	：	2000万円
	（住宅ローン残高	2500万円）	

一方、Y社が赤字経営を継続して資金が底をつく1年後に破産手続を行った場合に想定される資産の換価見込額は次のようになりました。

現預金　　　　　：　　　　0円
売掛金回収　　　：　　400万円
在庫商品の売却　：　　100万円
本社土地建物　　：　5000万円
合計　　　　　　：　5500万円

C社長　現預金　　　　　：　　500万円
　　　　保険解約返戻金　：　　500万円
　　　　自宅土地建物　　：　2000万円
　　　　（住宅ローン残高　2300万円）

3　廃業支援型の債務整理の利用

　上記設例の場合、早期廃業の実行により、Y社とC社長の合計の換価回収額は、1年後に廃業するよりも4000万円増加する見込となります。
　このように早期の廃業の実行により債権者の回収見込額が増加する場合、廃業支援型の私的整理手続及び経営者保証ガイドラインを利用することにより、Y社とC社長の双方について、破産手続によらずに債務整理を行い、かつ、C社長に破産手続の場合よりも多くの資産を残すことができる可能性があります。
　設例の場合、Y社とC社長の代理人として弁護士が金融機関と交渉し、結果として、Y社については、商取引債権が500万円ありましたが、金融債権者の了解の下で全額支払うことができ、残りの額を金融債権者の債権残高の割合に応じて一部弁済し、残りを放棄してもらうことになりました。
　また、C社長については、個人資産のうち、200万円を保証債権者に弁済し、保険については解約をせずに継続し、自宅についても、オー

バーローンのために売却することなく従来と同様に居住し続けることで保証債権者である金融機関との協議が整いました。

このような金融機関との事前調整を行ったうえで、Y社及びC社長について特定調停手続の申立てを行い、申立てから約2か月で調停が成立しました。調停成立後、Y社については特別清算手続を行い、C社長については調停条項に記載された弁済額を弁済することにより債務整理が完了しました。

税務からのアプローチ

「法務からのアプローチ」での説明にもあります、廃業にあたって特別清算手続にて清算を行う場合でも、Y社資産の売却やその課税関係の税務上のポイントは本章**2**ケース1と、解散・清算・最後事業年度の各税務上のポイントは本章**1**総論と概ね同様ですので、各項目を参照していただくとして、ここでは特別清算手続固有の留意点につきご説明します。

1 法人税

特別清算手続を行う場合の固有の留意点は、主に下記の2つになります。

① 解散の日以後に「特別清算開始命令」があっても、そこで清算事業年度が区切られないこと

② 特別清算で債務確定手続を経た場合には、一般的には債務の確定が資産の換価に先行することが想定されるため、残余財産の確定日が資産の換価完了時となること

2 補 足

なお会社の代表者が会社のために保証債務を負っているケースが

多々ありますが、所得税では、会社を畳む際に代表者が保証債務を履行するため個人所有の不動産等を譲渡した場合において一定の要件を満たしたときは、その譲渡所得を非課税とする特例があります。

第6章

事業承継対策の実行
Step 3

Chapter 6

1 株式承継の方法

法務からのアプローチ

1　株式承継の手法について

　事業承継における資産の承継にとって、最も重要なのは自社株式の譲渡ですが、その譲渡方法には様々なものがあります。

　具体的には、売買（民法555条）、生前贈与（民法549条）、遺言（民法960条以下）、死因贈与（民法554条）、遺産分割（民法906条以下）がありますが、それぞれのメリット・デメリットを説明します。

　売買は、まず、売買代金額が相当であれば遺留分による制約を受けないことがメリットとして挙げられます。また、生前に承継が完了するという点もメリットと言えます。他方で、当然ですが、売買代金を支払う必要があるため、株価が高い会社の場合には、代金を準備しなければならない点はデメリットとも言えます。値上がり益に対する譲渡所得についても注意が必要です。

　生前贈与は、無償で、生前に株式を承継することができるという点がメリットです。他方で、遺留分による制約が生ずるほか、贈与税の負担はデメリットと言えます。

　遺言は、遺言者の意思により、無償で株式を承継することができる点がメリットです。他方で、遺留分による制約が生ずるほか、相続税の負担はデメリットと言えます。なお、遺言を作成する場合、主に、自筆証書遺言（民法968条）又は公正証書遺言（民法969条）が作成されますが、保管や正確性の観点から、公正証書遺言の方がお勧めと言えます。

1 株式承継の方法

先代経営者が、遺言書などにより、自分の死亡後の自社株などの承継者を指定。
一般的に用いられる方式（普通方式）…自筆証書遺言、公正証書遺言

	自筆証書遺言	公正証書遺言
筆記	全文自筆	公証人（口述を筆記する）
証人	不要	証人（利害関係者以外の者）２人以上
検認	必要	不要
費用	かからない	公証人の手数料など
メリット	・一人で簡単にできる。 ・遺言の存在及びその内容を秘密にできる。 ・費用がかからない。	・公証人関与で方式不備を回避。 ・原本が公証役場で保存されるので、変造、滅失のおそれがない。 ・遺言検索システム利用可。
デメリット	・遺言書の紛失、相続人、他人による偽造、変造、隠匿の危険性有り。 ・方式不備、内容不備の可能性がある。	・作成に手間と費用を要する。 ・証人から秘密が漏れる危険性有。

（出典：中小企業基盤整備機構「事業承継関連法の解説」（2013年））

　死因贈与は、贈与者の死亡によって効力を生ずる贈与契約による贈与を言いますが、効力としては、原則として、遺贈と同じとされています(民法554条)。ただし、遺言のような要式行為ではありませんし、家庭裁判所における検認も不要とされていますので、ニーズに合う場合には利用を検討していただければと思います。

　一方、以上に対して、遺産分割は、何も対策をせずに、遺産の１つである自社株式が共同相続された場合に行われるものです。

　遺産分割がなされるまで、遺産分割の対象となる株式は、１株ごとについて、共同相続人間で共有されるものと考えられており、その株についての議決権行使は、当該共有持分の過半数で決せられることになります（最判平成27年2月19日民集69巻1号25頁。なお、株式が共有されている場合の権利行使は、共有者が権利行使者を定めて、会社に通知する必要があります。会社法106条参照。）。そうしますと、非後継者が複数名存在する場合には、議決権行使において、後継者の意思が反映されない結果となるおそれがあります。

　また、遺産分割協議が整わずに、遺産分割審判で決せられる場合に

は後継者が株式を相続できるかどうかは分かりません。

したがって、遺産分割により株式の帰属を決めることにならないよう、売買、生前贈与、遺言又は死因贈与によって、株式の承継を進めることが重要と考えられます。

これらを表にまとめますと、下記のような形になります。

		集中	円滑	安定	費用	備考
生前実現	売　買	○	○	○	× 所得税	生前に実現。遺留分なし。
	生前贈与	△ 遺留分	○	△ 遺留分	△ 贈与税	生前に実現。
生前準備	遺　言	△ 遺留分	△ 執行	△ 遺留分等	○ 相続税	単独で作成可能。 生前に「撤回」可能。
	死因贈与	△ 遺留分	△ 執行	△ 遺留分等	○ 相続税	効力は遺言とほぼ同じ。 生前に「撤回」可能。
死後	遺産分割	× 法定相続分	× 協議	○	○ 相続税	集中、円滑で不利。 事業承継には不適当。

（出典：中小企業基盤整備機構「事業承継関連法の解説」(2013年)）

2　自社株対策の基本的考え方について

会社にとって、将来の事業承継を踏まえた自社株対策はどのように考えれば良いでしょうか。

事業承継における自社株式の重要性の観点では、やはり、少なくとも、株式の3分の2以上を後継者に譲渡するということが重要と言えます。

なぜなら、議決権割合の3分の2以上を保有している株主であれば、会社にとって重要な内容である定款変更、事業譲渡又は解散等を決する特別決議を可決することが可能であり（会社法309条2項）、ひいては、経営権を掌握していると言えるからです。

仮に、代表者が株式の3分の2を保有していない等、後継者に3分の2以上の株式を譲渡できないような状況であれば、早急に分散している株式を買い集める方法もあり得ますし、可能であれば、自社株式

として会社自身が株式を譲り受けることによって、後継者の議決権数を実質的に増やすという方法もあり得ます。

　ただし、自社株対策としては、できる限り多くの株式を後継者に譲渡するという観点のみでは十分ではありません。なぜなら、前記第2章**5**、**6**のとおり、遺留分を侵害するような株式の譲渡方法（贈与・相続等）の場合、事後に遺留分減殺請求権（民法1028条以下）が行使されてしまうと株式の帰属が不安定になり、会社の経営にも影響が生ずるからです。この点は、民法改正により、遺留分減殺請求権が金銭請求権化することで会社の経営への影響は少なくなるとも言えますが、できる限り、相続人間における将来の紛争が生ずることのないように遺留分に対する対策をとることが望ましいと言えます。

3　合併・分割・株式交換等の利用方法

　多くの会社を経営している代表者の場合、事業承継を機に、会社を合併したり（会社法748条以下）、持株会社化することもあり得ますし、複数の後継者に承継させる場合にはむしろ、1つの会社を分割して（会社法757条以下）、それぞれの会社を各後継者に承継させるという方法もあり得ます。

4　一次相続・二次相続をにらんだ遺産の分割をどうするか

　事業承継において、将来にわたった会社の発展・継続を願わない代表者はいないと思われます。その際には、後継者への承継のみならず、後継者の「次の」後継者への承継も見据えた対策が必要になる場合が少なくありません。

　この点、売買、贈与、遺言、生前贈与等の承継方法は、いずれも、原則として、一代間の承継方法であり、その先の承継までを決定しておくことは困難です。

このような場合には、信託（本章5）が有効な対策となります。

税務からのアプローチ

1 株式承継の方法

株式を承継する方法には、売買、生前贈与、死因贈与、遺言及び遺産分割があります。これら方法ごとの課税上の取り扱いは、概ね次の表のようになっています。

【図表1】株式の承継方法と課税上の取り扱い

承継方法	課税上の取り扱い	留意点
売買	譲渡所得課税 申告分離課税20.315%	・収入金額－（取得費＋譲渡費用）＝譲渡所得金額 ・相続税の取得費加算
生前贈与	贈与税 暦年贈与・累進課税10%～55% 精算課税贈与・20%	・暦年贈与 ・相続時精算課税贈与 ・連帯納付義務
死因贈与 遺言 遺産分割	相続税 累進課税10%～55%	・後継者への確実な承継のためには遺言を利用

ところで、事業承継には、承継先による区分として、親族内承継、役員・従業員への承継（MEBO）、社外へのM&Aの3つがあります。それぞれの区分ごとに株式の承継方法及び税務上の課題は次のとおりです。

(1) 親族内承継

圧倒的に数が多くそれゆえ税理士が関与することが最も多いものは同族会社の親族内承継です。親族内承継では、相続税の負担の軽減が中心的な課題となります。売買によると売買代金が先代オーナーに支払われるため、相続税の課税財産総額は減少しません。したがって、多

くの場合、自社株式は贈与や遺言により後継者に承継させていきます。その際、遺留分への対応と、平成30年度税制改正で創設された事業承継税制の特例の活用が必須検討項目となります。なお、贈与税の負担が売買によるよりも相当大きい場合や、遺留分への対応が何よりも大切という場合には、贈与ではなく、売買による承継もよく行われています。

(2) 役員・従業員への承継（MEBO）

後継者が役員や従業員である場合には、経営のみを承継させるケースと経営と自社株の両方を承継させるケースがあります。

経営のみを承継させるケースにおいては、自社株は先代経営者の所有がそのまま継続されますから、事業承継時に課税関係は発生しません。しかし、経営を承継した後、その自社株を誰がどういう方法で取得するのかが新たな課題になります。

経営と自社株の2つを後継者に承継させるケースでは、後継者に資金的ゆとりがないことが多いため、先代経営者と後継者の課税上の取り扱いを検討し、後継者が必要な資金を無理なく負担できるかについて判断することが課題となります。

(3) M&A

外部の第三者に自社株式を取得させるM&Aでは、売買によることが一般です。売り主となる会社オーナーの税引き後の手取り額が最大になるよう、株式の売買価格及び売買スキームを慎重に考えることが必要です。この場合、個人の譲渡所得課税の軽減が検討課題となります。

2 税務上の自社株対策の考え方

親族内承継では、オーナーの相続発生時に見込まれる相続税負担をなるべく低く抑えたいという節税ニーズが非常に強くあります。その

ため、自社株対策が必須となり、自社株式の「評価減対策」及び「分散対策（相続財産からの切り離し）」を実行します。

自社株式は「1株当たりの評価額×所有株式数」により評価されることから、評価額を減らす、所有株式数を減らす又は両方を減らす事により、課税遺産の額を減ずることができます。

具体的には、次の順番で検討し実行します。

① 事業承継計画を早期に立てる
② 評価減対策を実行する
③ 贈与や譲渡を有効に使い自社株式を相続財産から切り離す
④ 議決権は可能な限り後継者に集約させるがそれにより遺留分や納税に問題が生ずるようであれば遺留分対策や納税資金対策を行う
⑤ やむを得ず後継者以外に株を分散させるときは持株会や安定株主に配当還元価額で譲渡するなどの議決権対策を行う
⑥ 税務上の否認リスクを回避する

(1) 事業承継計画

早期・計画的な事業承継を行うために、事業承継の時期や方法を織り込んだ事業承継計画を策定します。10年以上の長期間に渡る売上高や利益などを合理的に見積もり、事業目標と事業計画を作り、この事業計画に現経営者及び後継者の年齢と役職の異動の予定を書き入れ、現経営者の引退時期、予想株価、自社株式の移転時期及び移転方法などを記入して事業承継計画書を作成します。計画期間中の株価の推移を把握しておき、株価が大きく下がったタイミングで自社株式を承継させることを基本方針とし、プランニングしていきます。

(2) 自社株の評価引下げ対策

株式承継の前には、自社株の評価を引下げる対策を行います。相続

税の負担軽減というニーズに応えるため、できるだけ評価額が下がったタイミングで後継者への移転を行うべきだからです。具体的な対策の内容は、本章❷「自社株の評価引下げ」において説明します。

(3) 贈与等による分散対策

評価引下げ対策による自社株評価減の効果は、一時的なものが多いため、株価が低いうちに後継者に移転する必要があります。

売買による承継ではオーナーに対価が支払われ、相続財産が減らず節税にならないことが多くみられます。そのため、親族内承継では、一般的に、贈与や遺贈による承継対策が効果的とされています。

① 暦年課税贈与

暦年課税贈与では、受贈者1人につき基礎控除額が毎年110万円であり、基礎控除後の課税価格に対して10％～55％の超過累進税率による課税がなされます。また、受贈者が20歳以上である場合の直系尊属からの贈与（特例贈与）が一般の贈与よりも優遇されており、有利な税率構造（特例税率）となっています。

事業承継対策において、暦年課税贈与は連年贈与として利用されています。すなわち、贈与税の負担を可能な限り少なくするため、基礎控除額以下又は10％～15％の低い税率で課税される額以下（基礎控除後額400万円以下）となる株式を毎年後継者やその子などに贈与するのです。長期に渡り、後継者だけでなく後継者の配偶者や子供へと広く、計画的に暦年課税贈与を繰り返すことにより、大きな効果が生じます。ただし、自社株式の評価額が非常に高額となる場合には、少額の贈与を長期間繰り返しても贈与しきれないことがあるので、節税効果には限界があります。

② 相続時精算課税贈与

相続時精算課税を選択すれば、贈与時に贈与財産に対する贈与税を

払い、その後の相続時にその贈与財産と相続財産とを合計した価額を基に計算した相続税額から、既払いの贈与税を控除することができます。

相続時に合算される財産の価額は贈与時点の価額とされているので、持戻された自社株式の評価額は贈与時点の額に固定されます。したがって、その部分は相続財産から除外できず、節税効果は弱いと考えられます。他方、将来の価値の増加分は相続財産から除外できます。よって、評価減対策などで自社株式の評価額が大きく下がり、将来の値上がり益が相当大きくなることが確実な場合で、一時に大量の株式の移転をしたいときには有効な対策となります。

③　贈与税・相続税の納税猶予制度

平成30年度の税制改正により、贈与税の特例納税猶予制度（特例制度）及び相続税の特例納税猶予制度（特例制度）が新たに創設されて、これらの活用が注目されています。

後継者が、贈与により、中小企業における経営の承継の円滑化に関する法律の認定を受ける自社株式を先代経営者から取得し、その会社を経営していく場合には、その後継者が納付すべき贈与税のうち、その株式等の一定部分に対応する贈与税の全額の納税が猶予され、先代経営者の死亡等により、納税が猶予されている贈与税の納付が免除される制度を「贈与税の納税猶予制度」と言います。

先代経営者の死亡時に、後継者において猶予された贈与税は免除されますが、同時に後継者への相続があったものとみなされます。しかし、そのときに後継者が一定の手続（＝切り替え確認）を行うことにより、相続税の納税猶予に切り替えることができます。このように、贈与税の納税猶予制度と相続税の納税猶予制度を連続して適用することにより、相続のみならず生前贈与による株式の承継に伴う税負担を軽減することができるようになっています。

特例制度は、2023年3月31日までに事業承継計画を提出し、2027

年12月31日までに実際に承継を行う者を対象とする期限付きのものです。これを適用できれば事業承継における税負担軽減のため課題はほぼ解決するため、今後の事業承継対策の中心的なツールとなることが見込まれています。

(4) 遺留分対策と納税資金対策

自社株の評価減対策を行い、贈与や遺贈等を行うことにより、後継者に会社支配に十分な数の株式を承継させることができれば、税務上とくに問題はありません。しかし、自社株の評価額が高くて遺留分や相続税の負担に問題が生じ後継者に株式を集中させることが難しい場合には、遺留分への対応と納税資金の確保が必要になります。

① 遺留分対策

贈与などによって高評価される自社株を後継者へ集中させるためには、民法上の遺留分に配慮して、民法特例、民法に規定する遺留分の放棄及び遺言書の作成などが必要となります。また、遺留分のトラブルが強く想定される場合には、効率は落ちますが、贈与ではなく売買による株の移転を検討します。

② 納税資金対策

納税資金が不足すると見込まれるときによく利用されるのが生命保険と死亡退職金です。

生命保険金については、法定相続人一人当たり500万円までは非課税財産とされているので、預貯金から生命保険金へ組み替えておくことで、その生命保険金はすべて相続税の納税資金に充当することが可能となります。

遺族が取得することになる死亡退職金は、生命保険金と同様に法定相続人一人当たり500万円の非課税財産とされています。非課税枠内の弔慰金の支給も有効です。

これらによっても、納税資金が不足するようであれば物納や延納を検討します。

(5) 議決権対策

自社株対策により将来の相続税を軽減しても、後継者への自社株の集中により、遺留分トラブルや納税資金の不足が生じ、現実的には物納も延納も難しい場合には、やむを得ない措置として後継者以外の者に株を分散させる必要がでてきます。

この場合でも、議決権を後継者に集中させつつ株を分散するなどにより、後継者が会社を支配し安心して経営に取り組めるよう工夫をします。

現行法制度の下、株式の議決権と経済的な持分を分離する方法には、①種類株式、②民事信託の2つがあります。

① 種類株式

株式の議決権と経済的な持分を分離することが可能となる種類株式は、議決権制限株式（とくに完全無議決権株式）及び拒否権付株式です。これらとは別に非公開会社にのみ認められる「属人的な種類株式」も利用されます。種類株式を活用した事業承継対策では、たとえば普通株式の他に無議決権株式を発行して、後継者には普通株式を承継させて議決権を集中させつつ、他の相続人等には無議決権株式を承継させます。課税上、無議決権株式の評価額は原則として普通株式と同じになりますから、会社の支配権を後継者に確保させながら、経済的な価値は相続人等に分散することが可能になります。

② 民事信託

信託を利用した相続対策は、近年、一般的なツールとして認識されており、様々なスキームが提案されています。その典型的なものは、議決権信託としての活用です。

具体的には、オーナー経営者の死亡時に、経済的な価値を有する受益権は非後継者の遺留分に配慮しつつ公平に分割して、議決権行使の指図権を後継者のみに付与します。経済的な持ち分は公平に承継されながら、後継者だけが議決権行使の指図権を保持し、受託者はその指図に従い議決権を行使します。詳細は、本章**5**を参照してください。

⑹　税務上の否認リスク

　株式承継を行うにあたり、評価を下げたうえで贈与等をするなどの対策に加え、後述のとおり私法上の制度が併用されることが検討されます。ここでのポイントは税務上の否認リスクへの対応です。

　極端な対策に対しては、税務署長により、自社株式の評価減が否認されたり、相続税等の負担が不当に減少したとして、同族会社の行為や計算が否認されたりすることがあり得ます。

　株式の承継に当たり自社株対策を行う場合には、これらの否認リスクに十分配慮して実行する必要があります。

3　私法上の事業承継対策

　2で述べたように税務上の自社株対策では、株式の承継のツールとして、種類株式や民事信託といった私法上の制度の活用（＝併用）を検討することが多くなっています。

　現在、私法上の制度として、前述の種類株式及び民事信託以外で多く活用されているもの及びその概要は以下のとおりです。各手法の詳細な事項は本書の該当箇所をご参照ください。

①　組織再編
②　持株会社の設立
③　一般社団法人・一般財団法人の活用
④　役員退職金

⑤　生命保険
⑥　従業員持株会
⑦　遺留分対策としての民法特例

(1) 組織再編

　組織再編とは、合併、分割、株式交換・移転、現物分配を言い、これらを活用することによりグループ内の事業や資産・負債を大きく組み替えることができます。

　相続税における株式の評価はあくまで会社単位であり、グループ単位ではないことから、株式の評価減対策のために組織再編を活用することが有用となります。たとえば、合併により規模を拡大し大会社となり有利な類似業種比準方式を適用したり、分割により高収益部門を評価対象会社から切り離して利益を圧縮し類似業種比準価額を下げたりします。

　また、オーナー生存中に会社を複数の会社に分割し、それぞれを複数の後継者に遺贈等で承継させるなど、株式の分散対策や遺留分対策にも利用できます。

(2) 持株会社の設立

　持株会社を用いた事業承継対策の典型例は、後継者が設立した持株会社が金融機関から資金を調達し、オーナー保有の自社株式を買い取る対策です。買い取り前には、オーナーが退職し高額な退職金を支払うなどの自社株式の評価減対策を行います。これらの対策により、後継者は、自社株式を間接的に所有することで会社の支配権を確保し、かつ、自社株式の買い取り後の値上がり益を確保することができるようになります。

　ただし、オーナーには自社株式の譲渡益課税がなされ、税引き後の対

価が手元に残ることになるので、別途、相続税対策が必要となります。

(3) 一般社団法人等の活用

一般社団法人等を活用した事業承継対策は、上述の持株会社スキームと同様です。

一般社団法人等には出資持分という概念がない（一般社団法人及び一般財団法人に関する法律11条2項）ので、剰余金の分配等はできないし当然に相続されないという特徴を有します。従前この特徴を活かした対策、すなわち一般社団法人等に自社株式を移転し、以後永久に相続税の課税から逃れるというスキームが一部で流行していましたが、平成30年度の税制改正で租税回避防止規定が創設され、相続税が課税されるようになりました。

(4) 役員退職金

相続人が受け取ったオーナー等の死亡退職金はその全額が相続税の対象となるわけではありません。すなわち、「500万円×法定相続人の数」の非課税限度額があり、その部分の相続税の課税はありません。したがって、事業承継対策では、有利な納税資金対策として役員死亡退職金はその慰労金とともに活用されます。

この他、生前に多額な役員退職金を支払うことで、その期の資産と利益が圧縮され、類似業種比準価額の自社株式の評価額が大きく下がる場合には、事業承継対策として活用できます。

(5) 生命保険

死亡退職金と同様に、死亡生命保険金にも「500万円×法定相続人の数」の非課税限度額があります。事業承継対策では、死亡生命保険金は、有利な納税資金対策として死亡退職金とともに活用されています。

この生命保険金は、遺留分の対象財産からは除かれることから、遺留分対策としても有効です。

このほか、損金性の高い生命保険契約を締結し、高額な保険料を支払うことにより、一時の利益を圧縮できます。これにより類似業種比準価額などが大きく低減する場合には、自社株式の評価減対策として有用です。

(6) 従業員持株会

従業員のモチベーションの向上に役立てる目的にあわせて事業承継対策としても従業員持株会が活用されます。従業員持株会にオーナー所有の自社株式を譲渡して安定株主として機能させるとともに、従業員持株会に毎年配当を支払い、それを分配することで従業員の帰属意識を高めることができます。

事業承継対策の観点からは、オーナーからの従業員持株会への譲渡は配当還元価額で行うこととされていますので、相続すると高い評価が付される自社株式がより低額な現金等に置き換わりますので、自社株式の分散対策として有効に機能することになります。

これからの事業承継においては、法務と税務のコラボレーションがより重視されることになります。私法上の効果がない対策を行ったときは、節税が認められないことになりますので、私法と税法を総合的に理解して、必要な実務を行っていくことが重視されます。

2 自社株の評価引下げ

法務からのアプローチ

1 自社株式評価下げのニーズ

　自社株式の評価を下げることを検討する場面としては、親族内承継における相続や贈与の場面のほか、親族外承継において、十分な資金を有していない後継者が株式を取得するにおいて、株価を下げる必要が生ずる場面があります。このうち、親族内承継における自社株式の評価の問題の中心は税務面での対応となります。

　他方、親族外承継やM&Aにおいては、自社株式評価下げ以外の方法にて、旧経営者（旧オーナー）へ一定の資金交付を行い、後継者の資金負担を軽減する方法がいくつか考えられます。

2 親族内承継以外の場合における対策

(1) 旧経営者の退職慰労金による対応

　旧経営者としては、会社株式を後継者に売却して資金を得ることが難しければ、他の方法で資金を得ることを考えることになります。そこで、退任する際に法律上可能であり、かつ経営上支障を及ぼさない範囲において、退職慰労金の交付を受ける方法が考えられます。

　会社としては、適正な範囲内の退職慰労金については損金になり、また会社の貸借対照表においては負債となるため、株式価値を下げる要因となります。株式価値を下げたうえで、後継者が買い取りできる金額にて株式譲渡を行うことが可能となります。旧経営者は株式価値が下がりその譲渡代金が減少したとしても、退職慰労金の交付を十分に受けることができれば、満足を得ることができます。

(2) 自己株取得による対応

　会社に配当可能利益がある場合には、会社において旧経営者が保有

していた株式の一部を取得することによって、旧経営者は会社から資金を得ることができ、会社の株式価値を下げることも可能となります。

(3) 第三者に株式を保有してもらう方法

　旧経営者が保有する株式の一部を、後継者と経営面において対立しない第三者に譲渡すれば、旧経営者は資金を得ることができ、後継者は資金負担を軽減することができることになります。この場合、第三者への譲渡については、後々の紛争防止のため、全株式の33％以下の範囲内に留める必要があります。

　そこで、従業員持ち株会を設立し、旧経営者は全株式の33％以下の範囲で株式を従業員持ち株会に譲渡することが考えられます。

　さらに、中小企業投資育成株式会社法によって設置された投資育成会社から出資を得ることで株式価値を下げる方法もあります。投資育成会社が株式を引き受ける際の評価は、税法等にて評価が行われる場合よりも低めに設定されているため、従前から保有していた旧経営者の株式の評価は薄まることになり、評価減の効果が生ずることが多いと言われています。

税務からのアプローチ

1　非上場株式の相続税評価

　相続により取得した財産の価額は、課税実務上、相続税法に特別の定めのあるものを除き、「相続税財産評価に関する基本通達」（以下「評価通達」と言います。）に定められている評価方法により画一的に評価されます。

　評価通達によると、一般的な非上場株式は、相続や贈与などで株式を取得した株主が、その株式を発行した会社の経営支配力を持っている同族株主等か、それ以外の株主かの区分により、それぞれ原則的評価方式又は特例的な評価方式の配当還元方式により評価します。

また、特定の評価会社に該当する株式は、上記によらず、後述する方式により評価されます。

【取引相場のない株式の評価】

取得する株主の区分	評価方法
会社の経営支配力を持っている同族株主が取得した株式	原則的評価方式（※） ①大会社＝類似業種比準価額方式 ②中会社＝①と③の併用方式 ③小会社＝純資産価額方式
会社の経営支配力を持っている同族株主以外の株主が取得した株式	特例的な評価方式（配当還元方式）

※表中の評価方式が原則となりますが、より有利な一定の評価額があれば、納税者の選択により、それらによることも可能とされています。

(1) 一般の評価方法（原則的評価方式）

一般の評価会社の株式については、その評価会社の資産規模及び取引金額に応じて、大会社、中会社、小会社の3つに区分し、その区分ごとに異なる評価方法によって評価します（財産評価基本通達178～179）。

従業員が70人以上の会社の規模区分は大会社となります。また、従業員が70人未満の会社は、従業員数を加味した総資産基準と取引金額基準のいずれか大きい方で判定します。詳しくは国税庁HPをご覧ください。

① 大会社

大会社は、原則として、類似業種比準方式により評価します。類似業種比準方式は、類似業種の株価を基に、評価する会社の1株当たりの「配当金額」、「利益金額」及び「純資産価額（簿価）」の3つで比

```
類似業種比準価額の算出方式

                    （配当） （利益） （簿価純資産）
  上場企業の          ┌  b     c       d  ┐
  業種別平均株価  ×  │ ─── + ─── + ─── │ × 斟酌率
                    │  B     C       D  │
                    └──────────3────────┘

※斟酌率＝大会社0.7、中会社0.6、小会社0.5
※b、c、d：評価会社の1株当たりの金額　　B、C、D：上場企業の1株当たりの金額
```

準して評価する方法です（財産評価基本通達180）。ただし、純資産価額の方が低い場合には、納税義務者の選択により、純資産価額によって評価することができます。

② 中会社

中会社は、大会社と小会社の評価方法を併用して評価します。具体的には、中会社をさらに大中小に区分し、評価対象会社の区分にしたがい定められたLの割合を下記の算式に当てはめて計算します。

【算式】

類似業種比準価額×L＋純資産価額×（1－L）

　Lの割合：中会社の大＝0.9、中会社の中＝0.75、中会社の小＝0.6

ただし、純資産価額の方が低い場合には、納税義務者の選択により、純資産価額によって評価することができます。

③ 小会社

小会社は、原則として、純資産価額方式によって評価します。純資産価額方式は、会社の総資産や負債を原則として相続税の評価に洗い替えて、その評価した総資産の価額から負債や評価差額に対する法人税額等相当額（含み益の37％相当額）を差し引いた残りの金額により評価する方法です（財産評価基本通達185）。ただし、Lを0.5として②の算式により計算した金額のほうが低い場合には、納税者の選択により、その金額によって評価することができます。

【純資産価額の算出方式】

｛総資産価額（相続税評価額）－負債の金額－評価差額に対する法人税額等相当額[※]｝÷発行済株式総数

※評価差額に対する法人税額等相当額＝（相続税評価額による純資産価額－帳簿価額による純資産価額）×37％

(2) 特例的な評価方式

取引相場のない株式のうち、同族株主等以外の株主が取得した株式については、その株式の発行会社の規模にかかわらず、原則的評価方式に代えて特例的な評価方式の配当還元方式で評価します。

① 配当還元方式

配当還元方式は、株価構成要素のうち配当金だけに着目して、その株式を所有することによって受け取る一年間の配当金額を、一定の利率（10％）で還元して元本である株式の価額を評価する方法です（財産評価基本通達188-2）。

② 配当還元価額で評価ができる株主等の範囲

少数株主等が取得する株式は、実態として会社からは配当しか期待できないため、配当還元方式が適用されます。

配当還元方式が適用される株主は次の図表のとおりです。

【株主の態様と評価方式】

株主の態様					評価方式
同族株主のいる会社	同族株主	取得後の議決権割合5％以上			原則的評価方式（純資産価額方式による評価額については、20％の評価減の特例が適用される場合がある。）
		取得後の議決権割合5％未満	中心的な同族株主がいない場合		
			中心的な同族株主がいる場合	中心的な同族株主	
				役員である株主又は役員となる株主	
				その他	特例的評価方式（配当還元方式）
	同族株主以外の株主				
同族株主のいない会社	議決権割合の合計が15％以上のグループに属する株主	取得後の議決権割合5％以上			原則的評価方式（純資産価額方式による評価額については、20％の評価減の特例が適用される。）
		取得後の議決権割合5％未満	中心的な株主がいない場合		
			中心的な株主がいる場合	役員である株主又は役員となる株主	
				その他	特例的評価方式（配当還元方式）
	議決権割合の合計が15％未満のグループに属する株主				

なお、「中心的な同族株主」とは、課税時期において同族株主の1人並びにその株主の配偶者、直系血族、兄弟姉妹及び1親等の姻族の有する株式の合計数がその会社の発行済株式数の25％以上である場合におけるその株主を言います（財産評価基本通達188(2)）。

また、「中心的な株主」とは、課税時期において株主の1人及びその同族関係者の有する議決権の合計数がその会社の議決権総数の15％以上である株主グループのうち、いずれかのグループに単独でその会社の議決権総数の10％以上の議決権を有している株主がいる場合におけるその株主を言います（財産評価基本通達188(4)）。

(3) 特定の評価会社の株式の評価

下記のような特定の評価会社の株式は、原則として、類似業種比準価額を用いて評価することはできません。

【特定の評価会社とその評価方式】

評価会社の区分	評価方式
比準要素数1の会社	①純資産価額 ②類似業種比準価額×0.25＋純資産価額×（1－0.25） ①②のうちいずれか低い金額
株式等保有特定会社	①純資産価額 ②S1＋S2方式 ①②のうちいずれか低い金額
土地保有特定会社	純資産価額
開業後3年未満の会社	純資産価額
比準要素数0の会社	純資産価額
開業前又は休業中の会社の株式	純資産価額
清算中の会社の株式	清算分配見込額による評価

2　自社株式の評価減対策

1で説明したように、税務上の事業承継対策では、自社株を効率的に承継させるために、移転前に評価引下げ対策を行うことが原則です。

自社株の相続税評価を引下げる手法には大きく分けて、会社規模区分の引上げ、類似業種比準価額の引下げ、純資産価額の引下げの3つがあります。

(1) 会社規模区分の引上げ

評価対象会社の会社規模区分（大・中・小）を確認し、次に、類似業種比準価額と純資産価額を確認します。一般に類似業種比準価額＜純資産価額となる会社が多いので、そのような会社では、会社規模区分をランクアップさせるだけで株価を引下げることができます。

会社規模区分をランクアップさせる手法は、以下のいずれかのものが考えられます。

- ・従業員数の増加
- ・総資産価額（帳簿価額）の増加
- ・取引金額の増加
- ・業種の変更

いずれも合併・会社分割・事業譲渡などによって、従業員・資産・取引金額の増加を実現できます。借り入れと設備投資を同時に行うことでも総資産価額が大きくなるので、将来の投資計画の株式評価額に与える影響に留意して事業を行うことが大切です。

(2) 類似業種比準価額の引下げ

類似業種比準価額は、評価対象会社の業種、1株当たりの配当、1株当たりの利益（課税所得）、1株当たりの簿価純資産の額により計算されるため、これらを変更ないしは減少させれば、評価額が下がります。

① 業種の変更

業種別株価がより低くなる業種になるよう、取引形態や組織再編を活用して、有利な株価を採用できるようにします。具体的には、業種

の判定は総収入のうち50％以上の業種により行うこととされていますが、複数の事業を行っている会社の場合で、取引条件等を見直すことにより、有利な業種の収入が50％を超えるようにすれば、低い株価を採用することが可能になります。

② 配当金額の引下げ

類似業種比準価額を算出する際における「評価会社の1株当たりの配当金額」は、直前期末以前2年間におけるその会社の剰余金の配当金額の合計額の2分の1に相当する金額を、直前期末における発行済株式数で除した金額となっています。この1株当たりの配当金額を引き下げることで、自社株の評価額（類似業種比準価額）を引き下げることができます。具体的には、下記の対策を実行します。

・配当を中止して役員報酬を増額する
・普通配当を中止して記念配当や特別配当を実施する

③ 利益（課税所得）の圧縮

利益比準要素は、他の比準要素に比べて操作しやすく、それでいて株価に与える影響が大きいことから、毎期行っている法人税の節税のための決算対策を実行することにより、課税所得を圧縮します。

・役員退職金を支給する
・従業員に決算賞与を支給する
・不良債権の損失計上、不良在庫の評価減、廃棄損の計上
・保有する有価証券の含み損を実現する
・遊休固定資産など不要な資産を除却・売却・評価減を行う
・特別償却が取れる設備投資を行う
・収益・費用の計上基準を変更して利益を圧縮する
・生命保険契約を締結し、一時に大きな損金を計上し、簿外で含み益を積み立てる
・高収益部門を分社し利益を引下げる

・不採算部門を合併し利益を引下げる

④　簿価純資産の圧縮

　類似業種比準価額の計算上、簿価純資産は税務上の金額です。③で説明した決算対策、とくに資産整理を実施することにより、税務上の利益が減少するので、当然に簿価純資産も減少します。

　ただし、簿価純資産を単独で操作することは通常困難です。

　たとえば利益積立金を取崩して配当を行ったり、有償減資や自己株式の取得を行うことなどにより簿価純資産額を圧縮することは可能ですが、これらの対策により資金が実際に流出することになります。過度に実施すると、会社の財政状態が本当に悪化するため、慎重に実施することが大切です。

(3) （時価）純資産価額の引下げ

　相続税法上の評価において評価差額の大きな資産の取得をすることにより時価純資産を引下げることができます。たとえば、借入金により賃貸不動産などを購入すれば、土地建物が低額な路線価評価等により評価されるので、自社株の引下げ効果が大きくなります。ただし、法人が取得した不動産については、取得後3年間は時価によって評価することとされていますので、短期の対策には向きません。

　一般的な対策としては下記のようなものがありますが、実際に資金が流出する対策を実行するかどうかは慎重に判断します。

・解約返戻金率が当初低い生命保険契約を締結し資金を流出させる
・資産を購入せずオペレーティング・リースに切り替える
・含み損のある資産を売却する
・賃貸不動産投資を行う

3 事業承継における遺留分への対応

法務からのアプローチ

1 事業承継における遺留分の問題

　前記第2章**5**、**6**のとおり、現経営者が、生前贈与や遺言によって後継者に自社株式を集中し、事業を承継しようとしても、遺留分の問題が生ずることがあります。即ち、相続人が複数いる場合、後継者に自社株式を集中して承継させようとしても、遺留分を侵害された相続人から遺留分に相当する財産の返還を求められた結果、自社株式が分散してしまうなど、事業承継にとっては大きな影響が生ずる場合があります。

　ただし、今後施行が予定されている民法改正においては、遺留分減殺請求権が金銭請求権化されるほか、遺留分の計算において考慮すべき特別受益の期間が原則として相続前10年に限られることから、幾分と、事業承継への遺留分問題への影響は少なくなると言えます。

【遺留分制度の改正のポイント】

> ① 遺留分の効力と法的性質の見直し
> 　遺留分権利者は、遺留分侵害額に相当する金銭債権（金銭給付請求権）を行使できるだけである。
>
> →現行法では、遺留分権利者の減殺請求により、対象財産について取戻しの効力（物権的効力）が生ずることとされているが、改正案では、物権的効力は生じず、金銭債権のみが生ずることになる。そのため、遺留分権の行使によって贈与された株式や事業用資産の共有化が生じないことになるから、事業承継の円滑化に資する。
>
> ② 遺留分の算定方法の見直し
> 　相続人に対する贈与については、原則、相続開始前の10年間にされたものに限って遺留分算定の基礎財産に算入される。
>
> →現行法では、特別受益（相続人への生計の資本としての贈与等）は、期間制限なく、遺留分算定の基礎財産に含まれていたが、改正案では、相続開始前10年間のものに限定されることになる。これにより、より早いタイミングで株式や事業用資産の贈与を行うことで、遺留分問題を回避することが可能となり得る。

2 遺留分に関する民法の特例

1のような遺留分の問題に対処するため、中小企業における経営の承継の円滑化に関する法律(経営承継円滑化法)は、「遺留分に関する民法の特例」(同法3条以下)を規定しています。

即ち、後継者に自社株式等を集中的に承継しようとする場合、遺留分が相続人間の争いの要因となり、結果、自社株式が分散するおそれがあるほか、生前贈与の財産である自社株式が相続開始時の価格で算定されるため、後継者の経営意欲を削いでしまうおそれがあります。

そのため、①後継者に贈与された株式等を遺留分算定基礎財産から除外したり(同法4条1項1号)、②遺留分算定基礎財産に算入する価格を合意のときの時価に固定すること(同法4条1項2号)ができるようにするため、「遺留分に関する民法の特例」が設けられました。

後継者は、民法特例に係る合意をした日から1か月以内に「遺留分に関する民法の特例に係る確認申請書」に必要書類を添付して経済産業大臣に申請する必要があります(同法7条)。

【遺留分に関する民法特例の要件】

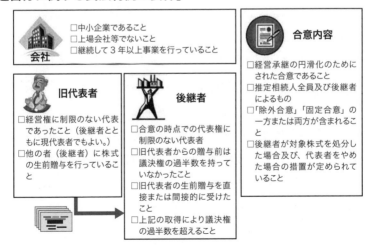

「事業承継の円滑化に関する支援について」(関東経済産業局)

【手続の流れと要件】

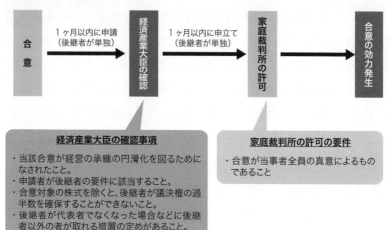

「事業承継を円滑に行うための遺留分に関する民法の特例」（中小企業庁HPより）

　そして、経済産業大臣の「確認書」の交付を受けた後継者は、確認を受けた日から1か月以内に家庭裁判所に「申立書」に必要書類を添付して申立てをし、家庭裁判所の「許可」を受ける必要があります（同法8条）。

3　種類株式の活用

　1のような遺留分の問題に対処するためには、各相続人にバランスよく相続財産を分けることが必要ですが、場合によっては、自社株式以外に目ぼしい遺産がない場合もあります。

　そのような場合には、議決権制限種類株式（会社法108条1項3号）等の種類株式を発行し、後継者には議決権の有る株式を承継させ、非後継者には議決権の無い株式を承継させる方法によって、遺留分を侵害せずに資産を承継させることが考えられます。

　ただし、種類株式の発行には定款の変更が必要なため、株主総会特別決議の可決（会社法309条2項）が必要です。

また、議決権制限種類株式等の種類株式が遺留分の算定においてどのような評価額で扱われるかについては、確定した評価方法がありませんので、留意が必要です。

4　遺留分の事前放棄

　以上のほか、相続開始前に遺留分権者が遺留分を放棄することにより、遺留分の問題を回避するという手法も考えられます（民法1043条、改正民法1049条）。

　ただし、遺留分放棄の効力を発生させるためには、家庭裁判所の許可が必要となります。

　家庭裁判所は、遺留分放棄が真意に基づくものか、放棄の理由の合理性、必要性、代償性（放棄と引換えに何らかの代償があるのか）等について審理し、許可又は却下の審判をすることになります。

　上記の家庭裁判所の許可を得る必要があることに加え、将来の遺留分権者自身が放棄手続を行わなければならないこともあり、活用が可能な場面は限定的と考えられます。

税務からのアプローチ

1　経営承継円滑化法における「遺留分に関する民法の特例」
　〜「除外合意」「固定合意」〜

　本章③「法務からのアプローチ」2でも簡単に触れましたが、円滑な事業承継を実現することを目的として、「除外合意」と「固定合意」の2つの特例が「遺留分に関する民法の特例」として設けられています。

(1)　除外合意

　除外合意とは、先代経営者から後継者に生前贈与される自社株式につき、予め遺留分の対象財産から除外しておくことができる制度です。

第6章 事業承継対策の実行（Step3）

当該制度の利点は、事業承継の対象となる自社株式そのものを遺留分算定財産から除外することにより、当該自社株式につき、後継者以外の相続人による遺留分減殺請求に伴う金銭等の支払負担を後継者が考慮する必要がなくなり、安定した経営を行うことが可能となる点です。

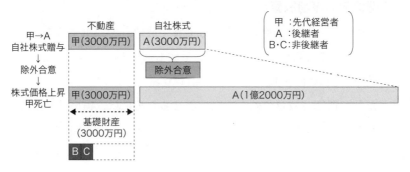

（出典：中小企業庁財務課「中小企業経営承継円滑化法申請マニュアル「民法特例」（平成28年4月）」13頁）

(2) 固定合意

固定合意とは、遺留分を算定する際に、先代経営者から後継者に生前贈与される自社株式の価額について、予め合意時点での評価額で固定しておくことができる制度です。当該制度の利点は、自社株式の先代経営者から後継者に対する生前贈与の時点から、先代経営者の死亡の時点までの株価上昇による遺留分減殺請求に伴う金銭等の支払負担を排除することができる点にあります。

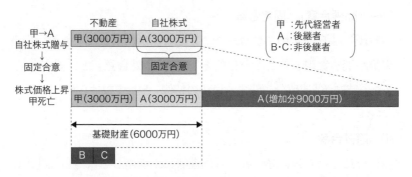

（出典：中小企業庁財務課「中小企業経営承継円滑化法申請マニュアル「民法特例」（平成28年4月）」13頁）

なお、遺留分に関する民法の特例制度を利用するためには、下図のとおり、①除外合意と②固定合意の双方又はいずれか一方の合意を必ずする必要があります。これらの合意をした場合には、それと併せて③付随合意をすることができます。具体的には、後継者が先代経営者から生前贈与を受けた自社株式以外の財産や、後継者以外の相続人が生前贈与を受けた財産を遺留分の対象財産から除外することが可能となります。ここで、注意しておきたいのが、①除外合意と②固定合意は二者択一ではなく、組み合わせることが可能という点です。たとえば先代経営者から後継者が生前贈与を受けた自社株式1000株のうち、600株を除外合意の対象財産とし、残り400株を固定合意の対象財産とするように、2つの合意を組み合わせることもできます。

【除外合意、固定合意及び付随合意の関係まとめ】

①除外合意		②固定合意		③付随合意
後継者が贈与を受けた株式等を遺留分算定基礎財産から除外	and /or	後継者が贈与を受けた株式等の評価額を合意時で固定	＋ (option)	以下の財産を遺留分算定基礎財産から除外 ・後継者が贈与を受けた株式等以外の財産 ・非後継者が贈与を受けた財産

(出典：中小企業庁財務課「中小企業経営承継円滑化法申請マニュアル「民法特例」(平成28年4月)」14頁)

2 経営承継円滑化法における「遺留分に関する民法の特例」
~合意ができない場合~

1で紹介しました「除外合意」、「固定合意」を適用するにあたり、一定の場合には、そもそも当該合意をすることができません。

その合意をすることができない一定の場合とは、後継者が所有する株式から除外合意や固定合意の対象株式を除いたとしても、後継者が議決権数の過半数を確保できている場合を指し、その場合には、そもそも当該合意をすることができません。具体例としては、次のとおりです。

【合意ができない場合】

```
           後継者の所有株式数
          （1000株、100%）
┌─────────────────────┬──────────────────┐
│ 有償で取得した株式（600株） │ 旧代表者からの贈与により │
│                     │ 取得した株式（400株） │
└─────────────────────┴──────────────────┘
                          除外合意or固定合意の対象
```

①	後継者が所有する特例中小企業者の株式等に係る議決権の数	1000個
②	当該定めに係る株式等に係る議決権の数	400個
③	①－②	600個
④	総株主又は総社員の議決権の100分の50	500個
上記事例では、③の数が④の数を超えていますので、法第4条第1項ただし書に該当し、当該除外合意又は固定合意をすることはできません。		

(出典：中小企業庁財務課「中小企業経営承継円滑化法申請マニュアル「民法特例」(平成28年4月)」16頁)

3　経営承継円滑化法における「遺留分に関する民法の特例」
　～遺留分減殺請求の相続税上のポイント～

　1及び**2**で述べましたとおり、「除外合意」と「固定合意」の二つの特例が「遺留分に関する民法の特例」として設けられており、その制度趣旨は、後継者が他の相続人から先代経営者の相続に関して遺留分減殺請求がなされる可能性に配慮し、円滑な事業承継を実現することを目的としていることは説明したとおりです。ここでは、事業承継上、起こり得るであろう遺留分減殺請求につき相続税上の観点から紹介します。

(1)　遺留分減殺請求について

　法定相続人（兄弟姉妹を除きます）のために民法上必ず留保されなければならない遺産の一定割合を遺留分と言います。遺留分により各法定相続人は最低限度の遺産を確保することができますが、この遺留分が侵害されたときには、遺留分を保全するため、贈与や遺贈の履行

を拒絶し、さらに、既に給付された財産の返還を請求することができます（＝遺留分の減殺請求）。

(2) 遺留分減殺請求がなされたときの相続税上の取扱い

遺留分の減殺請求がなされたときの相続税上の取扱いは次のようになっています。

まず、相続税の申告時において、減殺請求に基づく財産の給付額が確定している場合には、その結果を取り込んだ相続税の申告書を提出します。

次に、当事者間において減殺請求について争いがあり、相続税の申告時に給付額が確定していない場合には、その減殺請求がなかったものとして課税価格を計算し、いったん相続税の申告書を提出します（相続税法基本通達11の2-4）。

そして、その後その争いが確定した場合には、遺留分の減殺請求を受けた者は、その時から4か月以内に、相続税についての更正の請求を行い、納付済みの相続税の還付を受けることができます（相続税法32条1項3号）。他方、遺留分の減殺請求をした者は、期限後申告（相続税法30条1項）又は修正申告（相続税法31条1項）を行い、取得した遺留分に対応する相続税を納付することになります。

なお、更正の請求、期限後申告及び修正申告は、いずれも「できる」ものですので、義務ではありません。しかし、遺留分の減殺請求を受けた者が減額更正を請求したときに、減殺請求者が期限後申告・修正申告をしていなければ、税務署長は増額の更正又は決定をします（相続税法35条3号）から、実質的には遺留分に対応する財産を取得した者には相続税の申告義務が課されていると言えます。ただし、最初の更正の請求がなされなければ、財産を取得していても、増額更正や決定を受けることもありませんし、期限後申告や修正申告をする必要

もありません。したがいまして、実務上では遺留分の減殺請求を受けた者が当初申告にて過大納付した税額を当事者間で清算することも可能とされています。

(3) 遺留分減殺請求と「除外合意」及び「固定合意」との関係

　上述しましたとおり、遺留分減殺請求が一度なされると、相続税申告上では、当初申告から更正の請求、期限後申告又は修正申告の手続がなされるまでの間、後継者は課税上不安定な立場に置かれることとなります。またその給付額の確定段階にて、後継者によるその給付額に対応する相続税の還付手続や当事者間での過大納付に対応する税額相当額の精算を行う場合には、後継者及び他の相続人との間で、それを織り込んで協議するという手間もかかります。そのため、課税上の不安定さを最小限に抑えつつ、手続の煩雑さを解消するために、先代経営者から後継者に生前贈与された自社株式につき、事前に「除外合意」、「固定合意」を利用し遺留分から一定額を除外することが制度として必要となっているのです。

4 種類株式の活用

法務からのアプローチ

1 はじめに

　株主は、その保有する株式をもって、会社に利益が生じた場合に配当を得ることができる等の権利（自益権）と、自ら議決権を行使して取締役の選解任を行うなどして経営を監督する権利（共益権）を有しています。前経営者は、退任後においても、株式を継続保有すれば、後任経営者の経営についてその選解任権をもって監督することができますが、後継者としては、前経営者やその家族が株式を継続保有する場合には、いつその株主権を行使して解任されるかもしれず、思い切った経営を行うことが難しい要因となる場合もあります。

　そこで、このような事業承継における様々なニーズに応じて、株式を旧経営者が継続保有するのか、それとも後継者が株式をすべて買い取るのかなど、まずはどのような株主構成とするかを検討することになりますが、その検討において、株主権の内容を変えることができる種類株式の制度を利用することによって、その対応に幅ができ、事業承継における課題の克服がより容易となります。

　事業承継において種類株式を活用する場面としては、①親族内承継において、相続人が複数いる場合における調整の手段として、また、②親族外承継において、後継者の経営権とオーナー経営者やその家族との調整の手段として、さらに、③段階的に経営権を移譲する場合の手段として、利用することが考えられます。

2 種類株式

(1) 種類株式の内容

　会社法において、種類株式としては以下の9つの内容が認められて

います（会社法108条1項）。

> **【種類株式の種類】**
> ①剰余金の配当に関する種類株式、②残余財産の分配に関する種類株式、③議決権行使に関する種類株式、④譲渡制限株式、⑤取得請求権付種類株式、⑥取得条項付種類株式、⑦全部取得条項付種類株式、⑧拒否権付種類株式、⑨取締役・監査役選任に関する種類株式

　このうち、事業承継において利用を検討する種類株式としては、剰余金の配当に関する種類株式（①）、議決権行使に関する種類株式（③）、譲渡制限株式（④）、取得条項付種類株式（⑥）、全部取得条項付種類株式（⑦）、拒否権付種類株式（⑧）、取締役・監査役選任に関する種類株式（⑨）などがあります。

　そのほか、会社法においては、株式譲渡制限会社において、①剰余金の配当を受ける権利、②残余財産の分配を受ける権利、③株主総会における議決権について、株主平等原則の例外として、株主ごとに異なる取扱い（これを「属人的定め」と言います。）を行うことが可能とされています（会社法109条2項）。

　したがって、たとえば、子供が男女2人いるときに、長男に経営を譲る場合、定款を変更して会社株式の内容を、議決権がある株式と議決権はないが優先的に配当を受けることができる株式の2種類にし、議決権がある株式をすべて長男に贈与（遺贈）し、議決権がないが優先的に配当を受けることができる株式を長女に贈与（遺贈）するなどが可能となります。

(2)　種類株式の手続

　種類株式を利用するためには、以下の手続を行う必要があります。

> ① 株主総会を開催し、種類株式を発行できる内容の定款に変更する。具体的には、種類株式の内容と発行可能種類株式総数を定款に定める（会社法108条2項）。
> ② 発行する株式の内容を登記する（会社法911条3項7号）。
> ③ 種類株式を発行するにおいて、新たに種類株式を発行するか、または発行済みの普通株式を種類株式に変更する。

　ただし、「属人的定め」を行う場合には、定款でその内容を定める必要がありますが、登記する必要はなく、その権利内容は株式の相続や譲渡によっては承継されません。

　種類株式が発行された場合や「属人的定め」がなされた場合、株主総会は定款で定めた事項につき、その同じ種類の種類株主ごとに実施されることになります（会社法321条以下）。さらに、ある種類の種類株主に損害を及ぼすおそれがある場合には、当該種類株主総会の承認が必要とされ、また、拒否権付種類株式の拒否権の対象について当該種類株主総会の承認が必要とされるなど、一定事項について種類株主総会決議事項が法定されています（会社法321条以下）。

3　事業承継時における種類株式の活用

(1)　剰余金配当に関する種類株式の活用（会社法108条1項1号）

　優先的に配当を受けることができる種類株式（優先株式）ですので、事業承継において、株式の経済的側面を重視する株主に対して割り当てることが想定されます。先ほどの例のように、子供が2人いる場合において、そのうち1人に会社を継がせ、会社株式も贈与（遺贈）する場合において、他にあまり資産がなく、このままではもう1人の子供の遺留分を侵害するような場合には、もう1人の子供にも株式を贈与（遺贈）することを検討せざるを得ず、その場合、会社経営に関し

ては権利がないが、配当については優先的に受けることができる優先株式を贈与（遺贈）するなどの対応がよく検討されています。

> 【事例①】
>
> 　相続財産が、会社株式（評価額1億円）、預貯金2000万円であり、相続人が息子2人（AとB）いる場合において、子供Aが会社経営を継いだので、Aにだけ会社株式全部を遺贈しました。
>
> 　この場合、Bの遺留分は、相続財産の4分の1ですから、以下の計算によって3000万円です。
>
> 　（1億円＋2000万円）÷4＝3000万円
>
> 　上記の場合、預貯金2000万円全てをBが相続したとしても1000万円分について遺留分を侵害していることになります。Bからの遺留分減殺請求（改正法においては遺留分侵害額請求）にAは対応せざるを得ず、株式の帰属が不安定となります（改正法においては遺留分侵害額請求権に応じて支払をしなければなりません）。
>
> 　そこで、解決案として、生前において、会社株式を議決権株式と無議決権の優先配当株式としておき、議決権株式をすべてAに遺贈し、無議決権の優先配当株式をBに遺贈することで、遺留分の侵害が生じない形での解決を図ることができます。

(2) 議決権行使に関する種類株式の活用（会社法108条1項3号）

　経営にかかわる株主に対して議決権を付与し、経営にかかわらない株主（経済的利益のみに関心のある株主）には議決権を付与しないという対応によって、経営を安定化させることができます。また、事業承継直後の段階などにおいて、旧経営者による監督が必要な場合には、議決権を有する株式を保有し続けることで、経営者に対する監督を行

うことが可能となります。無議決権株式は、通常は優先配当株式や社債類似株式とすることで、議決権を奪う代わりに経済的利益を付与することが多いです。

> 【事例②】
> 　前経営者Aは専務取締役であったBに経営を譲りましたが、Bの経営手腕に不安があるため、株主権についてはBの経営手腕に安心できるまで保持するつもりです。ただし、老後の生活のため一定の金銭も必要なため、会社の株式の一部をBに売却したい、というような場面において、経営権を保持し続けるためには会社株式の少なくとも51％を保有し続けなくてはなりませんが、49％の株式をBに売却したとしてもAが想定している必要な資金に届きません。
> 　そこで、無議決権の配当優先株式を作っておき、無議決権の配当優先株式についてBにすべて売却し、Aは議決権株式のみを保持することで、一定の資金を得ながら、経営に対する監督を行うことが可能となりました。

⑶　**譲渡制限株式の活用（会社法108条4号・109条2項）**

　株主が自由に第三者に対してその保有株式を譲渡した結果、経営者にとって見ず知らずの第三者によって経営権への干渉が行われてしまいます。そこで、ほとんどの中小企業においては、株式の譲渡について、取締役会（又は株主総会）決議による承認を得る必要があるとしています。譲渡制限株式の場合には、事業承継において経営者が安心して経営に専念できる環境が整うほか、譲渡承認をしない場合には会社において当該株式を買い取ることもあり、株式分散防止の手段として活用することができます。さらに、「属人的定め」を一定の株主に

対して付与することが可能となります。

(4) 取得条項付種類株式の活用（会社法108条1項6号）

一定の事由が生じた場合には、会社が株主に対して、当該株式を対価を払って取得することが可能となる種類株式です。たとえば、相続が生じたことを理由として、相続人に対して強制的に株式を買い取ることによって、経営陣との信頼関係が希薄な株主が創出されることを防ぐことができます（なお、相続の場合に相続人から株式を買い取る手続としては、相続により取得した株式の売渡請求の制度（会社法174条）の利用も考えられます。）。

【事例③】

前経営者Aから経営権を承継するにおいて、Bは、前経営者に対して会社経営上の重大事由について決定できる旨の種類株式（拒否権付種類株式）を発行して交付することとしましたが、Aが亡くなった後において、面識がないAの相続人がそのような会社経営において重要な権限を掌握することは避けたいと考えています。

この場合、A一代限りの権限として、議決権行使について有利な条件を付与する「属人的定め」を行うことが考えられますが、上記拒否権付種類株式について、Aが亡くなったことを理由として会社が強制的にその相続人から取得することができる内容の種類株式としておく方法も考えられます。

(5) 全部取得条項付種類株式の活用（会社法108条1項7号）

株主総会特別決議によって、当該種類株式全部を会社が強制的に取得することができる内容の種類株式です。株主数が多い会社の経営権

を継いだ経営者において、株式の全てを取得したいと考えた場合に、取得可能な株式以外の株式について、すべて全部取得条項付種類株式にしておけば、株主総会特別決議をもって、会社は全てを取得することができ、取得可能な株式のみを残すことによって、経営権の委譲とともに株式全ての承継も可能となります。親族外の従業員への承継の場合や社外の第三者への株式譲渡の有効な手段として利用できます。

この場合、一部の株式以外の普通株式を全部取得条項付種類株式とする旨の定款変更の株主総会決議（普通株式と全部取得条項付種類株式を発行する旨の定款変更の決議と既発行の株式を全部取得条項付種類株式にする定款変更の決議）を実施した上で、同じ株主総会において、当該全部取得条項付種類株式を会社が取得する旨の決議をも行うことも可能とされています[1]。

【事例④】
　株主が30名いる会社について、M&Aによって全ての株式をAに譲渡することとなりました。30名のほとんどはAへの株式譲渡に賛成してくれていますが、5名ほど強硬な反対を示している株主がいるため、すべての株式の譲渡がこのままではできません。
　このような場合、株式譲渡に賛成している株主が、議決権において90％以上を占める特別支配株主である場合には、特別支配株主による株式売渡請求の制度（会社法179条）を利用することが可能です。しかし、そのような状況は多くないため、その他の方法を検討せざるを得ません。
　そこで、まず、種類株式を作るため、優先配当権を有する種類株式等を発行し、第三者割当増資にて株式譲渡に賛成している株

[1] 江頭憲治郎『株式会社法【第7版】』（有斐閣、2017年）159頁参照

主に割り当てたうえで、5名の反対株主を含むすべての普通株式を全部取得条項付種類株式とする定款変更の株主総会特別決議を行い、さらに会社が当該全部取得条項付種類株式を強制的に取得する旨の特別決議を行うことで、優先配当権を有する種類株式のみとすることができ、その株式すべてをAが譲り受けることによって目的を果たすことが可能です。

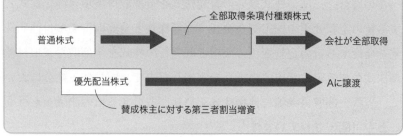

(6) 拒否権付種類株式の活用（会社法108条1項8号）

一定事項について、当該種類株式についての種類株主総会の決議がなければ実施できない、とすることによって、当該拒否権行使の対象事項については、当該種類株主の了解なくしては進めることができないことになります。たとえば、事業譲渡、会社分割、合併などにおいては、拒否権付種類株式の株主による種類株主総会決議が必要とすることによって、当該重要事項について、当該少数の種類株主の賛成が不可欠とすることができます（会社法323条）。

【事例⑤】

　株式会社Aの株主であるB、C、Dらは、会社経営を同業者である株式会社Xに委ねることとし、株式会社Xの株主であるE、F、Gらに対して、株式会社Aの第三者割当増資を行いました。この結果、株式会社Aの株主構成は、Bら旧株主が30％となり、E

らが70％を占める形となりました。なお、このM&Aにおいては、株式会社Aの商号を変えないで、株式会社Aが長期に渡って存続することが条件とされていました。

しかし、Eらは株式会社Aの商号を変更し、または株式会社Aと株式会社Xを合併させ、株式会社Aを消滅会社としようと意図し実施しようとする動きがあります。

そこで、商号変更（定款変更）や合併など危惧される事項について、Bらは拒否権を有する種類株式を保有することとした結果、普通株式の株主総会の特別決議においてはEらによって商号変更の定款変更決議が可決されてしまいましたが、拒否権を有する種類株主総会においては、全員が商号変更の決議事項に反対したことによって否決し、普通株式における株主総会決議は効力を生じないことになりました。

(7) 取締役・監査役選任に関する種類株式の活用（会社法108条1項9号）

全株式について譲渡制限がある場合には、取締役や監査役についての選任を一部の株主による株主総会で決めることとすることができます。したがって、当該種類株式以外の株主は役員選任決議を行うことができないことになります。

【事例⑥】
前経営者Aは副社長であったBに社長の椅子を譲り退任するとともに、営業部長Cや工場長Dについて取締役として、従前の幹部社員による新しい経営体制を作り、その保有する株式のほとんどについてB、C、Dに譲渡しました。しかしながら、Aは会社

の経営者選任についての権限は、経営監督の最後の手段として手元に残したいと思っています。

　このような場合、取締役及び監査役選任に関する種類株式を発行し、Aのみが当該種類株式を取得することで、経営人事権のみ掌握することが可能になります。

税務からのアプローチ

1　種類株式の相続税評価

　中小企業の事業承継で活用が期待される典型的な種類株式である①配当優先の無議決権株式，②社債類似株式及び③拒否権付株式の3類型の種類株式の評価方法は、国税庁が文書回答事例及び情報として公表し明確になっています。ただし、この3類型以外の種類株式の評価方法は明確になっていません。

【文書回答事例等による種類株式の評価（概要）】

類　型		原　則
配当優先の無議決権株式	無議決権株式（原則）	議決権の有無を考慮せずに評価
	無議決権株式（例外）	相続・遺贈に限り、納税者の選択により、無議決権株式について5％評価減し、その評価減額を議決権株式の評価額に加算する。
	配当優先株式	①　類似業種比準方式〜その種類株式に係る配当金額により評価 ②　純資産価額方式〜普通株式と同様に評価（配当は考慮しない）
社債類似株式		社債に準じて評価
拒否権付株式		拒否権を考慮せずに評価

2　3類型の種類株式の相続税評価

　種類株式の相続税法上の評価方法は、相続税法や財産評価基本通達において定められていません。これは、会社法において多種多様な種類株式の発行が認められているため、その全てを想定してこれに対応する評価方法を定めることが難しいためと考えられます。

　しかし、種類株式の相続税法上の評価方法が何も示されていない状況では、安心して種類株式を事業承継目的で活用することは難しいところです。そこで平成19年度与党税制改正大綱に記載された3類型の種類株式の相続等（相続、遺贈又は贈与を言います。）における評価方法の取扱いについて、中小企業庁が国税庁に照会し、平成19年2月26日に同庁が文書回答「相続等により取得した種類株式の評価について」という形で種類株式の評価方法を明確化しました。更に国税庁は、その後平成19年3月9日付の情報「種類株式の評価について」を公表して、その具体的な評価方法も説明しています。

　中小企業の事業承継で活用が期待される典型的な種類株式として、文書回答事例等により評価が明確になったのは、①配当優先の無議決権株式, ②社債類似株式及び③拒否権付株式の3類型の種類株式です。最大のポイントは、非上場株式の相続税の評価上「議決権に価値はない。」と割り切った点です。国税庁が正面切って議決権の経済価値をゼロと認定したことにより、事業承継プランニングにおいて後記3のように様々な手段をとることが可能になっています。

　なお、この文書回答事例等により後記のとおり評価されるのは、同族株主（いわゆる原則的評価方式が適用される同族株主等を言います。）が相続等により取得した場合を前提としていますので、同族株主以外の株主が相続等により取得した場合における評価方法は、特例的評価方式として配当還元価額により評価されることに留意してください。

3 種類株式3類型の具体的な活用方法

(1) 配当優先の無議決権株式

　オーナー経営者があらかじめ普通株式と配当優先の無議決権株式を持っておき、相続の際には遺言書で後継者に普通株式を、後継者以外の相続人には配当優先の無議決権株式を相続させます。この場合でも、普通株式と配当優先の無議決権株式は原則として概ね同じ評価額となるため、後継者の納税負担を増加させません。

(2) 社債類似株式

　後継者が新設した別会社が、事業承継の対象会社から資金調達する際に、社債類似株式を割り当てます。この場合でも、社債類似株式は社債に準じて評価されるため、別会社の将来における株価上昇を後継者のみに帰属させることができます。この方法は、金銭貸借とする方法により代替可能ですが、社債類似株式であれば利息支払義務が発生しません。

(3) 拒否権付株式

　オーナー経営者が生前に自社株の大半を後継者に譲渡（売買又は贈与）する際に、譲渡しない普通株式1株を拒否権付株式に変更することにより、経営上の最終決定権を留保します。この場合でも、拒否権付株式は普通株式と同じ評価額となるため、相続財産の評価額を増加させません。

5 信託制度の活用

法務からのアプローチ

1 制度の概要、利用例と留意点

(1) 信託制度の説明

信託とは、信託契約等により、財産の管理を引き受ける者（受託者）が契約等で定めた目的に従い財産の管理又は処分及びその他の当該目的の達成のために必要な行為をすべきものとすることを言います（信託法2条1項）。事業承継の場面においては、オーナーが保有する自社株式を対象にして信託を設定し、後継者その他の親族に対して自社株式自体や配当を受け取ることができる受益権を承継させます。

(2) 民事信託と商事信託

事業承継をはじめとして個人の資産の管理や承継をするために信託を利用するにあたっては、民事信託と商事信託のいずれで行うのかを決定する必要があります。なぜならば、信託を利用するにあたっては受託者を誰にするかが重要だからです。民事信託と商事信託のそれぞれの特徴は次表のとおりです。

	民事信託	商事信託
受託者の属性	オーナーの親族や番頭	信託銀行、信託会社
スキームの安定性	個人の死亡等による不安定	組織対応により安定性あり
事務の確実性	知識・経験不足による事務の過誤のおそれ	信託業に対する知識・経験がある者による事務遂行
アレンジの柔軟性	信託法や民法等による制約のみ	信託業法や監督官庁からの監督あり
監督機関の有無	なし	金融庁や財務局
コスト負担	信託報酬は無報酬とする場合もある。ただし、専門家へのコンサルタントフィー等や手間がかかる	信託報酬がかかるのが一般的

① 受託者の属性

信託の引受け（受託者になること）を営業（信託業法2条1項）として行い信託業法の適用を受けるのが商事信託、適用を受けないのが民事信託と呼ばれることが多いです。信託業法に基づいて信託業の免許（管理型信託業の登録）を受けるには、純資産額や組織・体制の整備が必要なため、信託業法の適用を受けない民事信託の利用が近年増えてきています。民事信託では、オーナーの親族（長男等）や資産管理会社、専用に設立する一般社団法人が受託者になることが多いようです。一方、商事信託では、信託銀行や信託会社が受託者となります。

② スキームの安定性

事業承継において利用する信託は、オーナーの認知症対策や相続対策も含むことが多いため、少なくともオーナーの死亡まで、長い場合には、オーナーの死亡後の次世代まで継続することが想定されます。信託においては、承継対象の財産（自社株式等）を受託者が所有者として管理することになります。そのため、たとえば、民事信託でオーナーの長男が受託者となったという場合で、その長男がオーナーよりも先に死亡したり、傷病等により任務に堪えられなくなったりしたときには、次の受託者に交代しなければならなくなります。もし、交代ができないまま1年が経過してしまうと、信託が終了してしまいます（信託法163条3号）。これに対して、商事信託では、法人である信託会社等が受託者であるため死亡や傷病のおそれはありません。

③ 事務の確実性

受託者は、善管注意義務（信託法29条2項）、忠実義務（同法30条）、分別管理義務（同法34条）、帳簿作成・保存義務（同法37条）等様々な義務を負いながら、信託目的にしたがって信託財産を管理するための事務を行います。事業承継のために自社株式を信託した場合には、受託者は株主となり、株主総会での議決権行使その他の共益権の行使

や、剰余金の配当を受け取り受益者へ引き渡すなどの事務を担います。また、受託者の事務そのものではありませんが、信託をする前提として株主名簿を整備し、各会議体の議事録を作成・備置きしなければなりません。これらの事務処理にあたっては、信託法や会社法に関する知識や経験が求められます。とくに、民事信託の受託者は、そのような知識・経験に乏しい人が就任することが多いので、専門家がフォローする必要があります。

④　アレンジの柔軟性

民事信託と商事信託の違いは、信託業法等の業法の適用を受けるか否かにあります。たとえば、信託会社等はその引受けができる信託財産の種類や管理方法について予め届け出なければなりませんので（信託業法4条2項3号・3項1号）、取り扱い可能な信託のストラクチャーには制約があります。

⑤　監督機関の有無

信託は、受託者に対して管理を依頼する財産をその所有権ごと委ねます。本人の財産管理に関して包括的な代理権を与える成年後見制度と比較すると、悪意をもつ者が受託者になった場合に濫用されるおそれがより大きいと言えます。しかしながら、民事信託においては、後見制度における家庭裁判所のような監督機関は存在しません。信託は、信託監督人（信託法131条以下）や受益者代理人（同法138条以下）という監督機関を置くことができます。これらに法律専門職が就任する例もありますが、私的なものにすぎません。商事信託の場合には、信託会社等は、金融庁や財務局の監督を受けて業務をしています。業務の適正を確保するために検査や行政処分（信託業法42条～45条）がなされることがあります。

⑥　コスト負担

一般的に最も大きな違いといわれるのが報酬に関するものです。民

事信託の場合には家族内であるために無報酬、信託会社等の場合は報酬が高いと言われることがあります。もっとも、民事信託の組成について高額なコンサルタントフィーが必要になることもある一方で、商事信託であっても定型的なものであれば割安であったりするため、一概に商事信託が高額とは言い切れません。また、時間や手間といったコストも踏まえるべきです。民事信託はこれらのコストを親族が負い、商事信託はこれを金銭で解決しようとするものです。いずれが適切かは、支払う金額の多寡だけでなく、受託者となるべき親族が掛けられる時間や手間も考慮すべきでしょう。

(3) 具体的利用方法

オーナーと後継者及び非後継者の各ニーズを踏まえて多様な信託が考えられます。

① 遺言書のもつリスクを排して確実な承継をしたい

信託契約を締結し、自社株式を受託者へ移転します。オーナーの死亡を信託終了事由と定めておき、実際にオーナーが死亡したときに受託者から後継者へ自社株式を引き渡します。

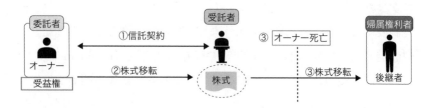

ア 特徴・メリット

遺言書による自社株式の承継の際には、オーナーが、後継者に対し自社株式を承継させる旨の遺言書を作成したものの、その遺言書が廃棄、撤回、紛失により有効に効力が発生せず、後継者への承継がうまくいかないおそれがあります。

これに対して、信託を利用する場合は、信託契約の締結時に自社株式を委託者（オーナー）から受託者へ移転させるため、以後、受託者が株式を管理することになります。オーナーの死亡時に受託者が後継者へ株式を引き渡すのみで承継が完了します。

イ　留意点

受託者が株主となりますが、引き受けた株式が信託財産であることを会社に対して対抗するためには株主名簿に信託財産に属する旨の記載又は記録が必要になります（会社法154条の2第1項）。中小企業では株主名簿が整備されていないことが多いので、株主名簿の整備から支援する必要があります。

②　非後継者にも配慮しつつ経営権を後継者に集中させたい

後継者を受託者として、自社株式を対象とする信託を設定します。株主である受託者（＝後継者）が株主総会の議決権等を行使し、剰余金分配を受けます。受け取った剰余金は受益者に指定された非後継者に引き渡します。

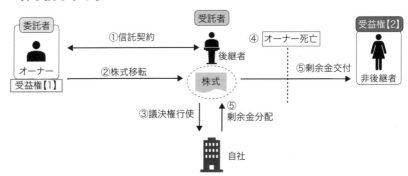

ア　特徴・メリット

自社株式が相続財産の大部分を占めるような場合には、経営に関与しない相続人の相続分や遺留分に配慮する必要があります。この点、非後継者に自社株式そのものを取得させてしまうとその株式の権利を行使されて会社経営の支障になってしまうおそれがあります。信託の

設定により剰余金等の経済的利益を受けることができるのみの受益権を発生させて、これを非後継者に与えることで、相続人への配慮と経営権の集中を同時に達成することができるようになります。

イ　留意点

民法が定める遺留分に関する規律は信託に対しても適用があることについては、ほぼ異論がないとされています。非後継者へ与える受益権について、その非後継者が死亡した場合には強制的に消滅するなどとすると、額面上の価値よりも低く算定され、結果として遺留分を侵害していたということになりかねません。非後継者に与えた受益権は、後継者が買い取るなどして集約を図っていくべきでしょう。

③　認知症リスクへの手当てをしつつ承継のタイミングを図りたい

自社株式を信託契約に基づいて後継者等に移転します。株主としての権利は、受託者が行使します。信託契約の定めにより、受託者による議決権等の行使に関する指図権をオーナー（委託者）に持たせることもできます。

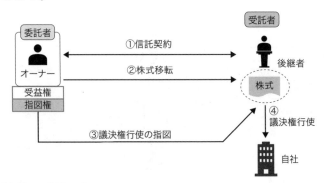

ア　特徴・メリット

信託は管理の対象となる財産を権利ごと移転して受託者に管理させます。高齢になったオーナーが自社株式を保有したまま重度の認知症になってしまうと、適切に株主権を行使することができなくなります。自社株式を受託者に移転すると、以後受託者が株主になりますので、

オーナーの認知症リスクを回避することができるようになります。もっとも、自らの権限が失われてしまうことに対して懸念を持つオーナーについては、株主となった受託者に対してその権利行使についての指図権を残すスキームも可能です。この場合、受託者は、オーナーからの指図にしたがい議決権等を行使します。また、オーナーに成年後見が開始したことを条件として指図権を消滅させ、それ以降は受託者がその裁量で議決権等を行使する旨の定めをすることで、オーナーの会社に対する想いと会社経営の安定の双方に配慮することができます。

イ 留意点

オーナー（委託者）が会社経営に関与する余地を残すために、信託契約において、受託者による株式に係る権利行使について指図する権限（指図権）を委託者に留保することがあります。しかし、信託法には指図権についての規定はありません。また、たとえば、株主総会においてある議案について賛成すべきとの指図がなされたにもかかわらず、受託者がこれに従わず反対の議決権を行使した場合、決議の瑕疵になるのかどうかも明らかではありません。会社との関係では、受託者のみが株主であり、適式に議決権を行使した以上、これを無効や取消しということは難しいようにも思います。その場合には、信託契約を終了（解除）させるなどして株式をオーナーの下に戻してから改めて決議をし直すといった煩雑なことになります。オーナー等に指図権を留保する信託では、受託者がその指図どおりに権利行使をすることが重要です。信託会社等、会社経営や親族関係に直接利害関係のない第三者を受託者とすることが考えられます。

④ 次の次の後継者も指名したい

自社株式を対象に信託を設定して、オーナー死亡後の受益者に長男を指名しつつ、長男の死亡後の受益者は甥とすることもできます。受益者が株式の管理についての指図をすることができる権限を行使する

旨も定めます。

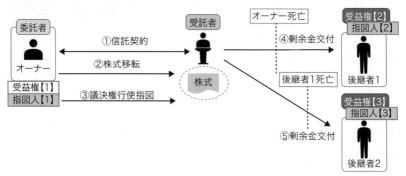

ア　特徴・メリット

　後継ぎ遺贈は、特定の人に財産を承継させ、その後、その人が死亡したら別の人に財産を承継させる旨の遺贈です。たとえば、兄弟2人が創業して、それぞれの家系において後継者候補がいる場合、まずは兄の子どもを後継者とし、その次は弟の家系から後継者を出すというように、予め次の次の後継者を定めておきたいというニーズがあるときがあります。これを遺贈（後継ぎ遺贈）で行うことは無効であるとの見解が有力です。これに対して、信託法91条は、後継ぎ遺贈型受益者連続信託が有効であることを前提にして、その期間制限について定めていますので、信託を使えば同様の機能を法的に有効に行えることが確保されています。

イ　留意点

　受益者を複数連続して指定することになりますので、自ずから信託の期間が長期化します。民事信託の受託者は、個人である場合と親族等が構成員となる一般社団法人等の場合とがあります。個人の場合は死亡、病気等により継続できないことが想定されます。一般社団法人等の場合には法人自体が死亡することはありませんが、その構成員は個人ですので、やはりその死亡等が懸念されます。自社株承継信託を取り扱っている信託銀行や信託会社もありますので、そのような受託者の方が安定性や継続性に優れているのに加えて、信託に関する知識や経験も豊

富ですので、一定の手数料はかかりますが検討に値すると思います。

⑤　親族内承継を期して中継ぎ経営者を置きたい

　自社株式を番頭等の中継ぎ経営者に対して信託により移転します。親族内に適切な後継者が現れた場合には、後継者を受託者とします（受託者の変更）。

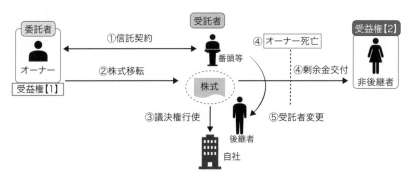

ア　特徴・メリット

　子どもが事業を引き継ぎたがらないために親族内承継を実現できず、やむを得ず従業員を後継者に指定することがあります。この場合、株式をその従業員に贈与や売買により移転させると贈与税の納税資金や買取資金が必要になります。また、株式自体が従業員に帰属してしまいますので、その従業員の相続が開始したときはその相続財産になってしまいます。後日、集約化を図るためには買い取らなければならず、価格に関する協議が成立しなければ、裁判所に対して価格決定の申立てをしなければなりません（会社法144条）。

　これに対して、信託の受託者は自社株式の権利者（株主）になるものの、自社株式は受託者個人の財産とは別扱いされます。たとえば、個人の受託者（番頭従業員）が死亡しても、信託で預かっていた株式はその相続財産に含まれません（信託法74条1項）。また、受託者の変更により、後継者であった従業員から株式を親族後継者に移転させることもできます。このとき、移転するための対価はかかりません。

中継ぎ経営者としての従業員を受託者としながら、時間稼ぎをして親族内の後継者候補を育成するという利用が考えられます。

イ　留意点

上記例は、中継ぎ後継者である従業員を受託者とする民事信託の場合ですが、商事信託によることも考えられます。この場合は、信託会社等が自社株式を引き受けて株主になります。信託会社等自身は経営判断ができる立場にない以上、別途判断権者としての指図人を置くことになります。この指図人に中継ぎ経営者がなります。

⑥　オーナーの個人所有の事業用不動産の利用の確保

オーナーの個人名義で、会社が本社として利用している土地・建物について、オーナーの認知症や死亡後でも、事業用としての利用を確保するために、同不動産を信託して受託者が管理をします。

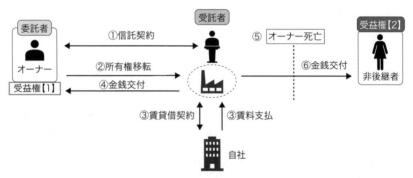

ア　特徴・メリット

事業用財産は会社名義であることが望ましいのは言うまでもありませんが、実際には、オーナー個人の財産が事業の用に供されていることがあります。オーナーの生存中は、企業と個人財産がともにオーナーの下にあるため事実上は不都合がないのですが、オーナーの意思能力が減退すればそれに付け込む第三者により財産が逸失してしまったり、事業に関与しない共同相続人に相続され会社による利用を打ち切られたりするおそれがあります。

この点、オーナーが自己所有の不動産を信託すれば、その認知症や死亡による影響を受けることがありませんし、受託者と会社との間で事業用不動産の利用に関する賃貸借契約を締結すれば、賃料が定期的に会社から支払われ、オーナーやその家族の生活資金にもなります。

イ 留意点

不動産を信託する場合には、信託の登記をしなければ、それが信託財産に属することを第三者に対抗することができません（信託法14条）。

また、会社から支払われる賃料等の金銭を受託者の個人財産と分別して管理する必要があります。金銭の分別管理については、信託法上、計算による方法とされ帳簿管理で足りるとされていますが（信託法34条1項2号ロ）、受託者の死亡時の対応や、受託者個人の債務の不履行による債権者から強制執行への対応等を踏まえますと、「信託口座」や「信託口口座」などと呼ばれる民事信託専用の預金口座を利用するべきでしょう。もっとも、「信託口座」を取り扱っている預金取扱金融機関はまだ限られています。信託口座の利用が難しい場合には、これに拠らない場合の信託財産の滅失リスクに十分留意して、信託を利用するべきです。

税務からのアプローチ

1 遺言代用信託[1]の税務

遺言代用信託は、所得税において通常受益者等課税信託とされるため、受益者等[2]が信託財産に属する資産及び負債を有するものとみな

---

1 遺言代用信託とは、典型的には委託者となる者がその財産を信託して、委託者生存中の受益者を委託者とし、委託者死亡後の受益者を委託者の配偶者や子などと定めることによって、自己の死亡後における財産の分配を信託によって実現しようとする信託を一般的に呼び、信託法等に定義された概念ではありません。本稿においては、委託者及び受益者共に個人である遺言代用信託を前提として課税関係を説明します。

2 所得税法において受益者等とは、受益者としての権利を現に有する者及びみなし受益者を言います（所得税法13条1項、2項）。遺言代用信託における受益者としての権利を現に有する者は、信託契約締結時から委託者死亡時までは委託者兼当初受益者となり、委託者死亡後は信託契約において第二受益者として指定された者となります。

し、かつ、信託財産に帰せられる収益及び費用は受益者等の収益及び費用とみなして所得税が課税されます（所得税法13条1項）。

また、遺言代用信託の委託者兼当初受益者が死亡して第二受益者が受益権を取得した場合には、第二受益者がその信託に関する権利を遺贈により取得したものとみなされて相続税が課税されます（相続税法9条の2第2項）。

(1) 所得税法上の課税類型

遺言代用信託の所得税法上の課税類型は、通常、受益者等課税信託となります。受益者等課税信託とは、集団投資信託、退職年金等信託及び法人課税信託以外の信託を言います（所得税法13条1項）。

(2) 信託設定時の譲渡所得課税

受益者等課税信託の受益者等は、信託財産に属する資産及び負債を有するものとみなされますので（所得税法13条1項、2項）、委託者と受益者がそれぞれ単一であり、かつ、同一の者である場合（単独自益信託）において、信託行為に基づき信託した資産の委託者から受託者への移転は受益者である委託者にとって資産の譲渡又は資産の取得には該当しません（所得税基本通達13-5）。したがって、信託財産を信託したときに譲渡損益の計上はありません。

なお、この移転があった場合におけるその資産の取得の日は、委託者がその資産を取得した日となります（所得税基本通達13-5）。

(3) 信託設定時の贈与税課税

遺言代用信託における信託設定時における当初受益者は、委託者だけですから、贈与税の課税関係は発生しません。

(4) 委託者死亡時に信託が終了しない場合の相続税課税

受益者等[3]の存する信託について、その受益者等であった者の死亡に基因して新たな受益者等が存するに至った場合（信託が終了した場合を除きます。）には、その受益者等となる者は、その信託に関する権利を受益者等であった者から遺贈により取得したものとみなされ、相続税が課税されます（相続税法9条の2第3項）。

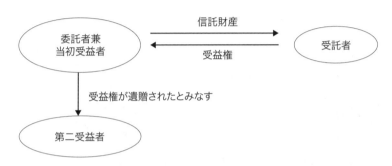

この規定により、遺贈により取得したものとみなされる信託に関する権利を取得した者は、その信託財産に属する資産及び負債を取得し、又は承継したものとみなされます（相続税法9条の2第6項）。つまり、信託の受益権を取得した者は、信託財産を取得したわけではなく、あくまでも信託の受益権を取得しているわけですが、税務上は信託財産を取得したものとみなされます。したがいまして、たとえば信託財産である自社株式の議決権行使にあたり受益者の発言権が著しく制限されていたとしても、その受益権を取得した者は、信託財産である自社株式そのものを相続したとみなされ、評価減されることはありません。

(5) 委託者死亡時に信託が終了した場合の相続税課税

受益者等の存する信託が受益者等の死亡に基因して終了した場合に

---

3 相続税法において受益者等とは、受益者としての権利を現に有する者及び特定委託者を言います（相続税法9条の2第1項、第5項）。特定委託者は所得税法におけるみなし受益者と同じ概念です。

おける、その信託の残余財産の給付を受けるべき者又は帰属すべき者は、その信託の残余財産を、受益者等から遺贈により取得したものとみなされて相続税が課税されます（相続税法9条の2第4項）。

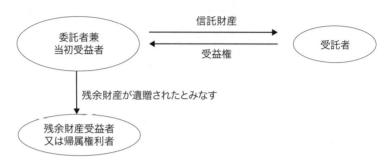

2 他益信託[4]の税務

他益信託が設定された場合には、その受益者等は、その信託に関する権利をその信託の委託者から贈与により取得したものとみなされて贈与税が課税されます（相続税法9条の2第1項）。

(1) 他益信託設定時の委託者の譲渡所得課税

他益信託を設定した場合には、下記(2)のとおり委託者から受益者等に贈与があったとみなされて贈与税が課されます。ここで、個人がその所有資産を贈与した場合において、譲渡があったものとみなされるのは法人に対する贈与に限られますから（所得税法59条1項）、委託者・受益者共に個人の他益信託で対価が授受されないものについては、委託者が譲渡損益を認識する必要はありません。

(2) 他益信託設定時の贈与税課税

信託の効力が生じた場合において、適正な対価を負担せずに受益者

---

[4] 信託設定時において委託者と受益者が同一でない信託を言います。本稿においては、委託者及び受益者共に個人である他益信託を前提として課税関係を説明します。

等となる者があるときは、その信託の効力が生じた時において、その信託の受益者等となる者は、その信託に関する権利をその信託の委託者から贈与により取得したものとみなされ、贈与税が課税されます（相続税法9条の2第1項）。

つまり、対価を授受しない他益信託を設定した場合には、設定時に受益者等について贈与税が課税されるということです。

また、この規定により贈与により取得したものとみなされる信託に関する権利を取得した者は、その信託の信託財産に属する資産及び負債を取得し、又は承継したものとみなされます（相続税法9条の2第6項）。

3 受益者連続型信託[5]の税務

信託法では旧信託法と異なり、いわゆる「後継ぎ遺贈型の受益者連続の信託」、すなわち、「受益者の死亡により他の者が新たに受益権を取得する定めのある信託」を設定することが可能となっています（信託法91条）。具体的には、委託者Aの相続人である受益者B、C、Dが順番に受益権を取得する信託を言います。

この場合において、受益者Bが取得する受益権は、受益者Cが未費消分を取得するという価値の制約が付されていますので、その受益権の評価は受益者Bの費消予定分に係る価値とすべきです（受益者Cについても同様です）。

しかし、信託を活用しない通常の財産を相続対象とする場合におい

---

[5] 本稿においては、委託者及び受益者共に個人である受益者連続型信託を前提として課税関係を説明します。

ては、Bが取得した財産の価額全部について相続税が課されており、その後Bが財産をいくら残そうと評価を変えることはありません。

そこで、この受益者連続型信託についても、他の相続財産と同様の課税とするために、受益者B、Cが取得する信託の受益権の消滅リスクを加味しない価額（＝信託財産そのものの価額）で課税されます[6]。

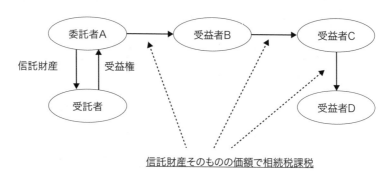

(1) 信託設定時の相続税課税

自益信託では信託設定時において、相続税法上の課税関係は発生しません。

(2) 受益者死亡時の相続税課税

受益者等の存する信託について、適正な対価を負担せずに、その受益者等であった者の死亡に基因して新たに受益者等となる者は、その信託に関する権利をその信託の受益者等であった者から遺贈により取得したものとみなされ、相続税が課されます（相続税法9条の2第2項）。

この場合におけるその信託に関する権利は、その受益者連続型信託に関する権利でその受益者連続型信託の利益を受ける期間の制限その他の受益者連続型信託に関する権利の価値に作用する要因としての制約が付

---

[6] 「平成19年度版改正税法のすべて」（財団法人日本税務協会、2007年）477頁

されているものについては、その制約は、付されていないものとみなして権利の価額を計算することとされています（相続税法9条の3第1項）。

つまり、上記**3**でいう受益者B、C、Dは、それぞれ受益者となった時に、信託財産の全部を遺贈により取得したものとみなされて相続税が課されます。

(3) 受益者連続型信託の定義

上記(2)のように評価される受益者連続型信託とは、信託法91条に規定する「後継ぎ遺贈型の受益者連続の信託」だけでなく、受益者の連続が想定される次のアからオの信託を言います（相続税法9条の3第1項、相続税法施行令1条の8）。

ア　信託法91条に規定する受益者の死亡により他の者が新たに受益権を取得する定めのある信託

イ　信託法89条1項に規定する受益者指定権等を有する者の定めのある信託

ウ　受益者等の死亡その他の事由により、その受益者等の有する信託に関する権利が消滅し、他の者が新たな信託に関する権利（その信託の信託財産を含みます。）を取得する旨の定め（受益者等の死亡その他の事由により順次他の者が信託に関する権利を取得する旨の定めを含みます。）のある信託（信託法91条に規定する信託を除きます。）

エ　受益者等の死亡その他の事由により、その受益者等の有する信託に関する権利が他の者に移転する旨の定め（受益者等の死亡その他の事由により順次他の者に信託に関する権利が移転する旨の定めを含みます。）のある信託

オ　上記アからエに掲げる信託以外の信託でこれらの信託に類するもの

6 組織再編手法

法務からのアプローチ

1 組織再編手法の概説

　事業承継に際して、同一の法人内にある複数の事業を、複数の相続人（後継者）に事業部ごとに承継させるために、組織再編手法を用いて各事業を分社化することが考えられます。

　また、事業承継税制の活用や、第三者承継（M&A）を行う準備段階とし、組織再編を行うことも考えられます。

　再編後の組織形態としては、①従来の事業会社が子会社を設立し分社化して、事業会社が子会社の株式を保有する親子会社の形態、②事業会社とは別に、独自の事業を行わず、事業会社の株式を保有する持株会社を設立する形態、③従来の事業会社の株主が保有する会社を用いて分社化する、いわゆる兄弟会社になる形態があります。

　複数の事業会社を持ち株会社の傘下に集約し、事業承継税制を活用する場合には、親子会社や持ち株会社の形態に再編することが考えられますし、複数の相続人に各事業を営む会社を承継させる場合には兄弟会社とする方法が考えられます。

【組織再編後のイメージ】

親子会社
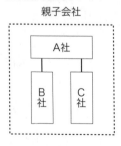

持ち株会社
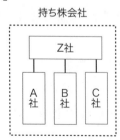

兄弟会社
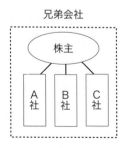

2 組織再編の具体的手法

　組織再編の手法として、会社法上の組織再編手続（合併、会社分割、

株式交換、株式移転）による方法と、それ以外の方法（**事業譲渡、現物出資、配当（現物割当）**）があります。

以下、それぞれの手法について解説します。

(1) 会社分割（会社法757条以下）

特定の事業を分社化する手法として会社分割があります。会社分割とは、1つの会社を2つ以上の会社に分ける組織法上の行為を言い、分割した事業の受け皿が既存の会社の場合を吸収分割、会社分割により新たに会社を設立する場合を新設分割と言います。

また、分割の対価である株式を従来の会社（分割会社）に交付する方法と（物的分割）、分割会社の株主に交付する方法があります（人的分割）。

具体的には、たとえば、a事業とb事業を営む株式会社A社が、b事業を新設分割により分社化してB社を設立し、その株式をA社に交付することにより親子会社とする方法が考えられます。

また、A社の100％株主であるXがA社とB社を並列的に置くいわゆる兄弟会社とするために、新設会社であるB社の株式をXに交付する方法も考えられます[1]。

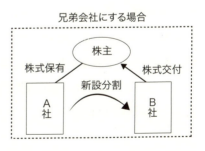

---

[1] ただし、いわゆる人的分割は現会社法においては、①承継会社又は設立会社からの分割会社に対する分割対価の交付（物的分割）と、②会社分割の効力発生日における剰余金の配当又は全部取得条項付株式の取得の対価として分割会社の株式への分割の対価の交付という構成となります。その関係で、②について、分割会社の株主に対する当該株式以外の財産の配当が5％未満である場合には剰余金の配当規制の適用外となりますが、そうでない場合は、剰余金の配当手続を履行する必要があり、また分配可能額による剰余金の配当規制の対象となります。

さらに、既存の事業会社が、子会社を設立し、又は既存の法人に事業を会社分割によって外出しし、事業会社を持株会社制度にする方法もあります。

具体的には、X社の事業aと事業bをそれぞれ新設するA社とB社に会社分割により移転させることで、独自に事業を行わないX社（持ち株会社）にすることが可能となります（このような手法は「抜け殻方式」と呼ばれています。）。

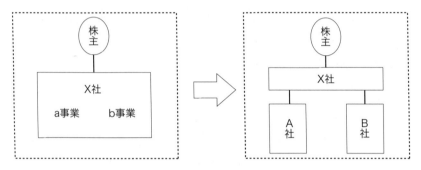

会社分割手続の特徴として、会社法の定める手続を行えば、債務の承継にあたって債権者の個別の承諾が不要となる利点があり、また、組織法上の行為であることから、許認可の承継に際して取引行為である事業譲渡よりも引き継ぎやすい利点もあります。

一方で、会社分割に際しては、分割契約書の作成（吸収分割）や分割計画の作成（新設分割）、事前開示手続、株主総会における特別決議による承認、債権者異議手続などが会社法上求められており、各手続を行うための時間確保に留意する必要があります[2]。

(2) **事業譲渡**

同様に既存事業を分社化する手法として事業譲渡があります。事業

---

2 会社分割に反対する株主に対しては株式買取請求権の行使が認められます（会社法797条1項、会社法806条1項）。

譲渡とは、事業に関する資産・負債、契約上の地位などの全部又は一部を譲渡する取引行為を言います。

この事業譲渡の手法を用いて親子会社又は兄弟会社に再編する場合、たとえば、a事業とb事業を営む株式会社A社が、A社の100％子会社であるB社を設立し、b事業にかかる資産・負債、契約等を事業譲渡する方法や、A社の株主がB社を設立し、又は既存の会社を用いて、当該会社に事業譲渡することが考えられます。

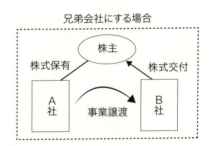

事業譲渡は、譲渡対象の資産・負債、契約などを自由に設定できることや、債権者保護手続が不要であるなど迅速に実行できることが利点として挙げられますが、個々の債権譲渡や債務引受という側面があるため、債務者に対する債権譲渡通知等の対抗要件の具備や免責的債務引受にかかる債権者の同意などが必要になる点に留意が必要です[3・4]。

(3) 合併（会社法748条以下）

合併とは、契約に基づき2つの会社が1つになる組織法上の行為で

---

[3] その他、事業の全部の譲渡、又は事業の重要な一部の譲渡の場合は、原則として取引当事者において株主総会の特別決議が必要となりますが（会社法309条・467条1項）、例外として、譲受会社が特別支配会社（総株主の議決権の10分の9以上を有する他の会社等）である場合、株主総会決議は不要となります（上述の例のうち、A社が100％子会社B社に事業譲渡する事例では、B社は特別支配会社に該当するので、株主総会決議は不要となります（会社法468条1項）。）。

[4] 事業譲渡に関しても、原則として反対する株主に対しては株式買取請求権の行使が認められています（会社法469条）。

あり、既存の会社に合併させる吸収合併と、新設する会社に2つの法人を合併させる新設合併があります。

事業承継の局面においては、既存のグループ会社の見直しの一手段として用いられることがあり、合併により同一の会社とすることで、管理コストの低減や事業シナジーなどを見込んで行われる組織再編と言えます。

合併は組織法上の行為であり、合併当事者である法人の債権者や株主に与える影響が大きいことから、後述するように、原則として株主総会の特別決議や債権者保護手続が必要となります。

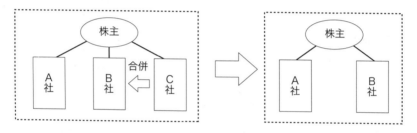

(4) 株式交換（会社法767条以下）

株式交換とは、既存の株式会社（A社）がその発行株式の全部を他の会社（B社）に取得させ、その対価として当該会社（B社）から株主（A社株主）に対して対価を支払う組織法上の行為を言い、既存の株式会社を完全子会社化するための手続です。

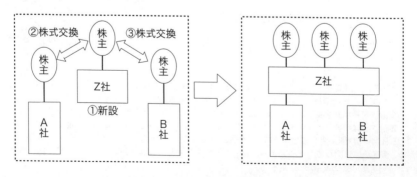

たとえば、事業会社A社と事業会社B社がある場合、新たにZ社を設立したうえで、Z社とA社及びB社がZ社と株式交換を行うことによって、Z社を持株会社とする組織再編が可能となります。

(5) 株式移転（会社法772条以下）

株式移転とは、既存の株式会社がその発行済株式の全部を新たに設立する会社に取得させ、既存の株式会社の株主は新設された会社の株主となる組織法上の行為を言います。完全子会社から親会社へは株式が移転されるのみで、資産等の移転はありません。

株式移転を用いることにより、複数の既存の株式会社を完全子会社にする持株会社を設立することが可能となります。

たとえば、事業会社A社と事業会社B社があり、新たにZ社を株式移転の方法により設立すると同時に、A社とB社を完全子会社化することが可能です。

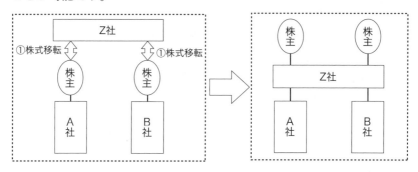

(6) その他の方法

① 現物出資

現物出資とは、会社の設立、新株発行において金銭以外の財産をもって出資に充てることを言います。

たとえば、既存事業としてa事業とb事業を有するX社が、a事業にかかる財産を現物出資してA社を設立することが考えられます。

② 現物配当

現物配当とは、会社法上は配当財産が金銭以外の財産である剰余金の配当を意味しますが、法人税法上は完全子会社の株式の全部が移転する現物分配を言います。

たとえば、既存事業としてa事業とb事業を有するX社が、a事業を切り出して分社化する場合や、X社の既存の子会社Y社の株式をX社の株主に現物配当して兄弟会社に組織再編する場合に用いられます。

3 組織再編の手続

(1) 組織再編行為における手続

合併、会社分割、株式交換、株式移転は、いずれも組織法上の行為であり、会社の株主及び債権者に重大な影響を及ぼす行為であることから、会社法上、原則として次の手続が必要となります。

- 取締役会決議
- 組織再編行為に係る契約の締結又は計画の作成[5]
- 事前開示事項の本店備置き[6]
- 株主総会における承認決議[7]（原則として特別決議[8]）
- 株式買取請求手続[9]

---

[5] 具体的には、吸収合併契約、吸収分割契約、株式交換契約、並びに新設合併契約、新設分割計画、株式移転計画があります。

[6] 吸収合併契約、吸収分割契約、株式交換契約につき会社法782条及び794条、新設合併契約、新設分割計画、株式移転計画につき同法803条。

[7] 吸収合併契約、吸収分割契約、株式交換契約につき会社法783条及び795条、新設合併契約、新設分割計画、株式移転計画につき同法804条。

[8] 原則として当該株主総会において議決権を行使することができる株主の議決権の過半数を有する株主が出席し、出席した株主の議決権の3分の2以上による賛成が必要です。ただし、合併当事会社の一方が他方の特別支配会社（総議決権の90％以上を保有する会社）に該当する場合、他方の会社（従属会社）における株主総会承認決議は不要（略式分割）となり、また、簡易分割の場合も承認決議は不要となります。

[9] 吸収合併契約、吸収分割契約、株式交換契約につき会社法785条及び797条、新設合併契約、新設分割計画、株式移転計画につき同法806条。

・債権者保護手続[10]
・登記手続[11]
・事後開示事項の本店備置き[12]

(2) 事業譲渡における手続

事業譲渡においては、会社法上、以下の手続が必要となります。加えて、上述したように、譲渡対象資産に係る対抗要件具備、承継対象債務に係る債権者の個別同意（免責的債務引受の場合）、承継される契約に係る契約上の地位の移転手続（契約の相手方の同意）が必要となります。

・取締役会の決議（会社法362条4項）
・事業譲渡契約の締結
・株主総会における承認（会社法467条、原則として特別決議[13]）
・株式買取請求権に係る株主への通知又は公告（会社法469条）

(3) その他の手続について
① 現物出資（会社法207条）

組織再編の一手法として、上述のとおり現物出資による方法があります。現物出資については、原則として、裁判所が定める検査役によ

---

10 吸収合併契約、吸収分割契約、株式交換契約につき会社法789条及び799条、新設合併契約、新設分割計画、株式移転計画につき同法810条。
11 吸収合併につき会社法921条、新設合併につき同法922条、吸収分割につき同法923条、新設分割につき道央924条、株式移転につき同法925条。
12 吸収合併契約、吸収分割契約、株式交換契約につき会社法791条及び同法801条、新設合併契約、新設分割計画、株式移転計画につき同法811条及び同法815条。
13 ただし、譲受会社が譲渡会社の特別支配会社である場合、及び譲渡対象資産の帳簿価格が当該会社の総資産額の5分の1以下の場合は、譲渡会社の株主総会の承認決議は不要となります（会社法468条1項及び2項）。

る調査が必要となりますが（会社法207条1項）、現物出資者に割り当てる株式の総数が発行済み株式総数の10分の1を超えないときなど一定の要件を満たす場合は、検査役による調査が不要となります(会社法207条9項)。

② 現物配当

同様に組織再編の一手法として、子会社株式を現物配当する方法がありますが、そのためには分配可能額の範囲で行われることが必要であり（会社法461条）、かつ、原則として株主総会の特別決議が必要となります（会社法309条・454条）。

税務からのアプローチ

1 グループ内組織再編成の税務

完全支配関係（100％グループ）がある法人間で組織再編成（合併、分割、現物出資、現物分配、株式交換及び株式移転を言います[14]。）を実行する場合には、通常適格組織再編成とされます。一方、支配関係（50％超100％未満グループ）がある法人間で組織再編成を実行する場合には、一定の要件を充足することで適格組織再編成とされます。

適格組織再編成により資産等をグループ内法人に移転した場合には、移転資産等を簿価のまま引継ぎ、譲渡損益の計上が繰り延べられます。また、適格組織再編成が実行された場合には、グループ法人の株主において、みなし配当・株式譲渡の課税関係が発生することはありません。

---

[14] 株式分配はグループ内組織再編成として実行されることはないため、本稿では割愛します。また、全部取得条項付種類株式、株式併合又は株式売渡請求を活用した組織再編成も同様に割愛します。

(1) 完全支配関係及び支配関係

完全支配関係とは、一の者が法人の発行済株式等の全部を直接又は間接に保有する関係（当事者間の完全支配関係）又は一の者との間に当事者間の完全支配関係がある法人相互の関係（同一者による完全支配関係）を言います（法人税法2条12号の7の6）。

支配関係とは、一の者が法人の発行済株式等の50％の株式等を直接又は間接に保有する関係（当事者間の支配関係）又は一の者との間に当事者間の支配関係がある法人相互の関係(同一者による支配関係)を言います（法人税法2条12号の7の5）。

(2) 一の者が個人の場合

(1)の場合において、一の者が個人であるときは、その者と特殊関係にある次に掲げる個人を含みます（法人税法施行令4条1項、4条の2第2項）。

① 親族
② 婚姻の届出をしていないが事実上婚姻関係と同様の事情にある者
③ 使用人
④ ①～③に掲げる者以外の者で株主等から受ける金銭その他の資産によって生計を維持しているもの
⑤ ②～④に掲げる者と生計を一にするこれらの者の親族

2 遺産分割のための分社化

遺産分割で兄弟それぞれが相続承継するために、生前に会社を分社化しておく手法があります。この場合の分割は、子会社を設立する分社型分割ではなく、兄弟会社を設立する分割型分割を採用します。この分割は、通常適格分割型分割となりますが、会社分割により株式評価額が高くなる場合があります。

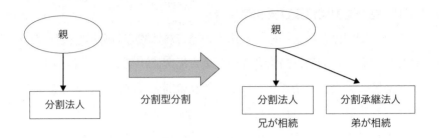

(1) 適格分割

オーナー一族（親族を含みます。）で100％の完全支配関係があるときは、金銭等不交付要件、按分型分割要件及び完全支配関係継続要件を充足すれば適格分割となります。オーナー一族で50％超100％未満の支配関係しかない場合において適格分割とするためには、金銭等不交付要件、按分型分割要件、支配関係継続要件、主要資産等移転要件、従業者引継要件、事業継続要件を充足する必要があります。したがって、完全支配関係がない場合には、事業単位ではない単なる資産のみを切り出す分割は非適格分割になります。

(2) 分割後の株式相続税評価

会社を分割すると、分割後の各社の総資産価額、売上高、従業員数は分割前の会社より減少するため、財産評価基本通達178における会社規模が小さくなることがあります（大会社が中会社になる、L割合[15]が0.9から0.6になるなど）。会社規模が小さくなると、類似業種比準価額の採用割合が減って、純資産価額の採用割合が増えますから、株式の相続税評価額の総額は分割前よりも高くなる傾向があります。この点も考慮して、分割を実行する必要があります。

---

[15] L割合とは、財産評価基本通達179（取引相場のない株式の評価の原則）に定める類似業種比準価額の採用割合を言います。

3 株式移転による持株会社設立

持株会社体制を導入する手法はいろいろありますが、事業会社が許認可事業を営んでいる場合には、株式移転により持株会社を設立する方法が有力な選択肢となります。

(1) 適格株式移転

一の法人のみが株式移転完全子法人となる株式移転（単独株式移転）で、株式移転後に株式移転完全親法人と株式移転完全子法人との間に株式移転完全親法人による完全支配関係が継続することが見込まれている場合において金銭等不交付要件を充足するときは適格株式移転とされます（法人税法2条12号の18イ、法人税法施行令4条の3第22項）。

(2) 持株会社の株価評価

株式移転後3年以内の持株会社は、開業後3年以内の会社に該当して純資産価額方式により評価されます。ただし、株式移転後に子会社から吸収分割型分割、現物分配等により資産を承継する、または、借入金により賃貸不動産を購入するなどの対策を講じて、株式移転から3年経過後に株式保有特定会社ではない会社の株式として評価引下げを実現することが可能です。持株会社と子会社間には完全支配関係がありますから、通常その吸収分割型分割や現物分配は税制適格となります。

なお、持株会社の純資産価額を算定する場合において、いわゆる現物出資等受入差額（株式移転完全子法人株式に係る株式移転時の時価と帳簿価額との差額）に対する法人税等相当額（37％）は控除できません。

(3) 連結納税の採用

　持株会社体制を導入した場合に問題となるのが、損益が複数社に分散することです。1社のみで事業を行っている場合には、全ての損益は通算して法人税等を申告することができますが、たとえば持株会社は赤字だが、事業子会社は黒字といったときは、原則として両社の損益を通算して申告することはできません。

　これを解消するのが連結納税の採用です。連結納税とは、親会社とそれが直接間接に100％の株式を保有するすべての子会社（外国法人を除きます。）を連結グループとして親会社がまとめて法人税の申告・納付を行う制度です。連結納税を選択する場合には、国税庁長官に連結納税承認申請書を提出しなければなりません。ただし、連結納税の制度があるのは法人税のみですから、消費税や地方税は従来どおり各社が単体申告する必要があります。

4　株式交換による親子関係の逆転

　平成30年度税制改正により大幅に拡充された事業承継税制の適用が注目されていますが、いわゆる資産管理型会社は対象となりません。過去の事業承継対策では、事業会社の親会社として持株会社を設立する対策が採用されてきましたが、このような持株会社は一般的に事業承継税制で言う資産管理型会社に該当します。

　これを回避する方法はいくつかありますが、持株会社を事業会社の子会社とする株式交換を行い、親子関係を逆転する方法があります。これによるとオーナーが所有していた持株会社株式は株式交換により事業会社株式に交換されます。事業会社は資産管理型会社ではありませんから、事業承継税制の適用を受けることが可能になるというわけです。

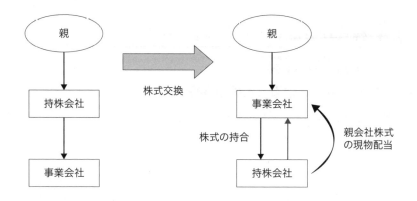

(1) 適格株式交換

　オーナー一族（親族を含みます。）で100％の完全支配関係があるときは、金銭等不交付要件及び完全支配関係継続要件を充足すれば適格株式交換となります。オーナー一族で50％超100％未満の支配関係しかない場合において税制適格とするためには、金銭等不交付要件、支配関係継続要件、従業者継続従事要件、事業継続要件を充足する必要があります。

(2) 持合株式の解消

　株式交換が実行されると株式交換完全子法人となる持株会社は、株式交換完全親法人株式を依然として所有しているため、株式の持合いが発生します。これは会社法上許容されていますが、相当の時期に解消する必要があります。このため、持株会社は、所有する親会社株式を現物配当又は分割型分割により事業会社に譲り渡し、持合い状態を解消することとなります。

7 株式が分散している場合の対応

法務からのアプローチ

1 株式を集約させることの重要性

　中小企業の株式は、多くの株主に分散して保有されていることが珍しくありません。具体的には、下記のような場合に株式の分散が見られます。

> ①　平成2年商法改正までに会社が設立された場合（平成2年商法改正までは、会社設立時には発起人が最低でも7名求められていたため）
> ②　複数の共同経営者が出資して会社を立ち上げた場合
> ③　創業者が創業時に取引先などに株式の保有を依頼していた場合
> ④　創業者が相続税対策などの意図をもって子孫を中心とする親族に株式を譲渡している場合
> ⑤　創業者が経営参加意識を高めるため役員や従業員へ株式を譲渡している場合
> ⑥　株主が死亡して保有していた株式が相続人に相続された場合

　しかし、中小企業が安定的に経営を行ううえで、自社株式が分散して保有されていることは望ましくありません。経営者としては、発行済み株式のうち、株主総会の普通決議事項の決議が可能な過半数、あるいは特別決議事項の決議が可能な3分の2以上の株式を保有していることが重要であり、できれば全ての株式を保有していることが望ましいでしょう。とくに、第三者承継を選択して株式譲渡をする場合、買主は、発行済株式すべての取得を求めるのが通常であり、株式譲渡に反対する株主により事業承継が頓挫することのないよう、株式を集約させておくことが重要です。

2 株式を合意で買い取ることによる集約

(1) 名義株の整理

　名義株とは、会社の株主名簿に記載されている株主と、その株式の実質的な所有者、すなわち株式の払込みなどの出捐をした者とが一致していない株式のことを言います。たとえば、創業者が出資をした株式について配偶者や子孫など家族名義にしている場合や、平成２年商法改正前に設立されて発起人７名が必要であった会社で、実際に出資をした創業者が頼み込んで第三者に名義だけ株主になってもらっていた場合などに、名義株が生じることになります。

　まずは、株主名簿上の株主に名義株主が存在しないかどうかを確認し、仮に名義株主が見つかった場合には、実質的な所有者が記載された正しい株主名簿を整備し直すことから始めることになります。

(2) 他の株主による株式の買い取り

　少数株主から株式を買い取ろうとする場合、インカム・アプローチ、マーケット・アプローチ、コスト・アプローチといった方法をもとに株式の価値を算定し、当事者が合意した金額で取引をすることになります。少数株主が会社に払い込んだ金額を基準とするわけではありません。両当事者が協議をして売買価格を決める必要があります。

　買取の対象となる株式が譲渡制限株式であれば、まず、譲渡しようとする株主が、会社に対して譲渡承認の請求をします（会社法136条）。会社は、株主総会（取締役会設置会社であれば取締役会）の決議によって承認を行い、譲渡承認請求をした株主に対して、承認をした旨の通知を行います（会社法139条）。そして、株式譲渡をした後、譲渡人及び譲受人が共同で会社に対して名義書換の請求をすることになります（会社法133条）。なお、譲渡承認の請求は、株式譲渡後に譲渡人と譲受人が共同で行うこともできます（会社法137条）。

株券発行会社の場合には、株券を発行して交付しない限り、株式譲渡の効力が生じないので（会社法128条1項）、株式の譲渡人から譲受人に対して、株券を交付することが必要です。株券は、①商号、②株式数、③譲渡制限がある場合にはその旨、④種類株式である場合はその種類と内容、⑤株券の番号を記載し、⑥代表取締役が署名又は記名押印しなければなりません（会社法216条）。株券が発行されていない場合には、譲渡人が会社に対して株券の発行請求をすることになります。

(3)　会社による自己株式の取得

　会社が特定の株主から株式を取得しようとする場合には、原則として、他の株主にも自らの保有する株式について取得するよう請求することが認められています（相続人等から取得する場合や、定款の定めにより請求が排除されている場合などの例外があります）。当該請求を売主追加請求と言い、会社は、特定の株主からの株式取得に先立って、他の株主に対し、売主追加請求ができる旨を通知します（会社法160条2項）。自己株式取得の決定は株主総会の特別決議が必要であるところ（会社法309条2項2号）、会社からの通知期限は、公開会社でない会社の場合、株主総会招集通知の発送期限である1週間前までに到達する必要があります（会社法施行規則28条）。これに対して株主は、株主総会の日の5日前までに、売主となる特定株主に自己を加えたものを株主総会の議案とするよう会社に請求することができます（会社法160条3項、会社法施行規則29条）。

　会社は、株主総会の特別決議によって、①取得する株式の数、②対価の内容及びその総額、③株主から自己株式を取得する期間を定め、特定株主から株式を取得する旨の決議をします（会社法156条1項、160条1項）。売主となる特定株主は、議決権行使をすることができません（会社法160条4項）。

その後、会社は、実際に株式を取得しようとするときに、取得価格や申込期日等を定めて（会社法157条1項、2項）、株主に通知し（会社法158条1項、160条5項）、株主からの申込みを受けて（会社法159条1項）、申込期日に株式の売買契約が成立します（会社法159条2項）。ただし、取得価額が分配可能額を超えないようにしなければいけません（会社法461条1項3号）。

3　会社法を用いた集約方法

(1)　譲渡制限株式

多くの中小企業においては、発行する全ての株式を、譲渡による株式の取得について会社の承認を要する譲渡制限株式としています（会社法107条1項1号）。発行済み株式がすべて譲渡制限株式であれば、会社にとって好ましくない第三者が株式を取得するという事態を避けることができます。一方、未だ譲渡制限のない普通株式を発行している場合に、全株式を譲渡制限株式とすることもできます（会社法107条2項1号）。この場合、株主総会の特殊決議（議決権を行使することができる株主の半数以上かつ議決権の3分の2以上の賛成を要する決議）が必要であり（会社法309条3項1号）、当該決議に反対する株主には、株式買取請求権が認められます（会社法116条1項1号）。

(2)　相続人等に対する売渡請求

譲渡制限株式の譲渡制限は、権利及び義務を個別に承継する特定承継（売買等）に適用され、権利及び義務の一切を承継する一般承継（相続等）には適用されません（会社法134条4号）。譲渡制限株式の一般承継による株式の移転・分散を防ぐためには、相続人等に対する売渡請求の制度を設ける必要があります。

まず、定款に、相続その他の一般承継により譲渡制限株式を取得し

た者に対して、会社がその株式を売り渡すよう請求することができる旨定めます。定款変更は、相続等が発生した後に行うことも可能とする裁判例もあります。

　売渡請求を行う際には、株主総会の特別決議を行うことを要しますが（会社法175条1項、309条2項3号）、売渡請求を受けた者は株主総会で議決権を行使することができません（会社法175条2項）。会社は自己株式を取得することになるので、財源規制があり、剰余金の分配可能額の範囲内で買い取る必要があります（会社法176条1項、461条1項5号）。売渡請求は、一般承継を知った日から1年以内に行います（会社法176条1項）。売買価格は協議で決めることになりますが、協議がまとまらなければ、会社又は売渡請求を受けた株主が、売渡請求の日から20日以内に、会社の本店所在地を管轄する地方裁判所へ売買価格決定の申立てを行い、裁判所が価格を決定します（会社法177条1項、2項、4項、868条1項）。当該申立てがなされなかったときは、売渡請求の効力は失われることになりますので（会社法177条5項）、譲渡会社としては、売渡請求とともに売買価格決定の申立てについても準備を進めておくことになります。

　なお、売渡請求の対象となる株主は、売渡請求について決議する株主総会で議決権を行使できないため、議決権の過半を有する株主も売渡請求の対象になる可能性があることに注意しなければいけません。たとえば、議決権の90％を保有している株主に対して、残りの10％を保有する株主が株主総会で特別決議を成立させて、売渡請求をすることができてしまうのです。実際には、分配可能額の範囲内という財源規制により、そのような売渡請求を実現することは難しいのですが、特別支配株主の相続はいつ発生するかわかりませんし、リスクがあるのは間違いありません。そこで、少数株主の保有する株式を会社法175条の議案に関する議決権を制限する種類株式にするなどの方策を

取ることも考えられます。

【図表1】

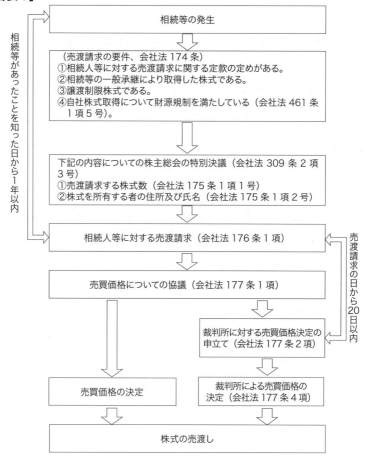

(3) 所在不明株式の競売・売却

会社から株主への通知又は催告が継続して5年以上株主に到達しない場合、通知や催告をする必要はなくなります（会社法196条1項）。そして、当該株主が継続して5年間剰余金の配当を受領しなかった場合、所在不明株主を株主として扱う会社の管理コストを削減する趣旨で、取締役会決議により、その株式を競売し（会社法197条1項）、

あるいは競売に代わる売却をすることができます（会社法197条2項）。競売に代わる売却の方法としては、市場価格のある株式はその市場価格で、市場価格のない株式は裁判所に申立てを行ったうえで許可を得た方法で行うことができ、会社自身が分配可能額の範囲内で買い取ることも可能です（会社法197条3項、会社法461条1項6号）。

所在不明株主や利害関係人には、異議を述べる機会が与えられます。具体的には、株式を競売し、または売却することにつき、株主その他の利害関係人が一定期間内（3か月以上）に異議を述べることができること等を官報等に公告し、かつ当該株主の株主名簿上の住所やその他会社に連絡先として通知していた場所宛に各別に催告します（会社法198条1項2項）。異議を述べることができる期間内に利害関係人が異議を述べなかったときは、その株券は、その期間の末日をもって無効になります（会社法198条5項）。

なお、株式の売却代金は所在不明株主に交付しなければいけませんが、所在不明株主に現実の支払いをすることは通常不可能です。会社としては、債権者を確知することができない場合として供託をし、売買代金支払債務を免れることができます（民法494条2項）。

4　種類株式を活用した集約方法

(1)　特別支配株主による株式等売渡請求（会社法179条）

平成26年の会社法改正により、特別支配株主（総株主の議決権の10分の9（これを上回る割合を定款で定めた場合にはその割合）以上を有している者（対象会社自身を除きます））は、株主（対象会社及びその特別支配株主自身を除きます）の全員に対して、保有する対象会社の株式の全部を自己に売り渡すよう請求することができるようになりました（会社法179条1項本文）。新株予約権についても同様の制度が設けられています（会社法179条2項本文）。

この制度により、総株主の議決権の10分の9を有する株主は、全株式を取得することが可能になりました。中小企業の事業承継においても、発行済み株式のすべての譲渡を譲受人が求めるのがいわば当然でしたが、90％の株式を譲渡することで譲受人が承諾することも考えられるようになりました。

手続としては、まず特別支配株主が対象会社に対し、売渡条件等の詳細を明らかにした売渡請求通知を行います（会社法179条の2及び

【図表2】

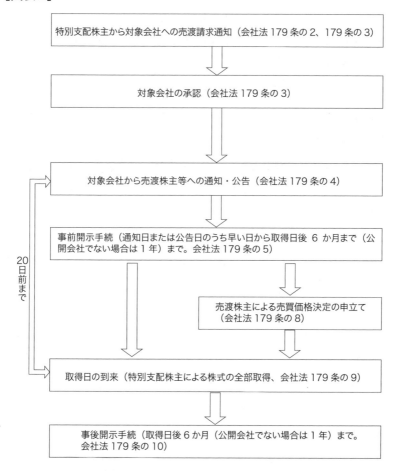

3)。対象会社は、これを承認したときには、売渡株主等へ通知します（会社法179条の3及び4）。売渡株主は、特別支配株主から提示された対価に不満がある場合、裁判所に対して売買価格決定の申立てを行うことができます（会社法179条の8）。以上の手続を経て、取得日をもって売渡株式が全部取得されることになります（会社法179条の9第1項）。

(2) 全部取得条項付種類株式

全部取得条項付種類株式とは、会社が株主総会の決議によって株式の全部を取得することができる種類株式のことを言います（会社法108条1項7号）。

全部取得条項付種類株式は、発行済み株式が多くの少数株主に分散している場合に有効活用することができます。具体的には、次のような方法を用います。

まず、株主総会の特別決議により定款で全部取得条項付種類株式（会社法108条2項7号）を発行できる定めを設けたうえで、発行済みの普通株式を全部取得条項付種類株式に変更します（会社法309条2項11号、466条）。この際、定款変更を行う種類株式の種類株主総会の特別決議が必要になり（会社法111条2項1号、324条2項1号）、反対の株主には株式買取請求権が認められます（会社法116条1項2号）。

そして、株主総会の特別決議で、会社が全部取得条項付種類株式を全株主から取得して（会社法171条1項、309条2項3号）、取得対価として普通株式等の株式を交付します。その際、交付の比率を極端に大きく定め、少数株主には普通株式等の株式1株未満の端数が交付されるようにします。当該1株未満の端数の合計数に相当する株式（1株未満切り捨て）が裁判所の許可を得て任意売却され売却代金が分配されます（会社法234条1項、2項）。そして、株主総会に先立って

7 株式が分散している場合の対応

反対する旨を会社に通知し、株主総会で実際に反対した株主や、当該株主総会で議決権を行使することができない株主は、裁判所に対して価格決定の申立てをすることができます（会社法172条2項）。これにより、最終的には、特定の株主（現オーナーあるいは後継者）だけが普通株式等の株式を保有している状態になります。

【図表3】

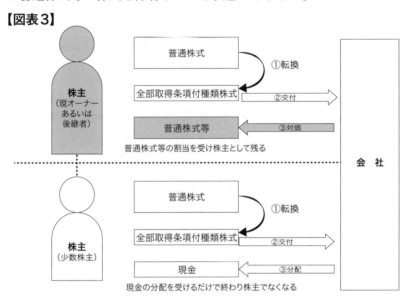

税務からのアプローチ

1 株式の集約に係る税務

少数株主から株式を集約する方法には、合意による株式の売買等の任意取得による他、相続人等に対する売渡請求、特別支配株主による売渡請求、全部取得条項付種類株式の現金買取など会社法を用いた強制取得があります。

以下では、適正な時価で取引等が行われることを前提に、実務においてよく使われる①他の株主からの任意取得、②相続人等に対する売渡請求、③特別支配株主による売渡請求、④全部取得条項付種類株式の

端株買取について、売り手が個人である場合の課税関係を説明します。

(1) 他の株主からの任意取得

少数株主から株式を集約する場合、その株式を合意により買い取る者として想定されるのは、①個人支配株主(オーナー及びその後継者)、②資産管理会社、③従業員持株会、④発行法人です。売り手の少数株主の課税関係は、買い手が①～③の発行法人以外の場合と④の発行法人の場合とで異なります。

① 買い手が発行法人以外の場合

株式譲渡所得の金額について、税率20.315％の申告分離課税が行われます。なお、その株式の譲渡について、譲渡所得等の赤字の金額は、他の非上場株式に係る譲渡所得等の黒字の金額から控除できますが、その控除をしてもなお控除しきれない赤字の金額は、給与所得など他の各種所得と相殺することはできません。

② 買い手が発行法人の場合

株式の発行法人が自己株式の取得を行う場合に、その自己株式を発行法人に譲渡した個人株主においては、課税の繰延べに該当する取引や市場取引などの一定のものを除き、その譲渡対価のうち「取得資本金額」を超える部分の金額が「みなし配当」に当たるとされ、配当所得等として取り扱われます。そして、これら株主が交付を受ける金銭等のうちみなし配当額を除く金額は、株式等に係る譲渡収入金額とみなされます。

このうち、みなし配当部分の金額は、配当所得として総合課税の対象となり、配当控除があるものの最高55％の超過累進課税が適用され、結果的に最高約50％の課税が生じます。また、譲渡収入金額から取得費及び譲渡経費を控除した譲渡所得の金額について、税率20.315％の申告分離課税が行われます。

(2) 会社法による強制取得

① 相続人等に対する売渡請求

相続人等に対する売渡請求（会社法174条）に応じて、相続人（＝個人株主）が発行法人に自社株を譲渡した場合には、「相続により取得した非上場株式を発行会社に譲渡した場合の課税の特例」が適用されます。

ア　譲渡対価の全額を譲渡所得の収入金額とする特例

相続又は遺贈により財産を取得して相続税を課税された人が、相続の開始があった日の翌日から相続税の申告書の提出期限の翌日以後3年を経過する日までの間に、相続税の課税の対象となった非上場株式をその発行会社に譲渡した場合においては、その人が株式の譲渡の対価として発行会社から交付を受けた金銭の額が、その発行会社の資本金等の額のうちその譲渡株式に対応する部分の金額を超えるときであっても、その超える部分の金額は配当所得とはみなされず、発行会社から交付を受ける金銭の全額が株式の譲渡所得に係る収入金額とされます。したがって、この場合には、発行会社から交付を受ける金銭の全額が非上場株式の譲渡所得に係る収入金額となり、その収入金額から譲渡した非上場株式の取得費及び譲渡に要した費用を控除して計算した譲渡所得金額の20.315％に相当する金額の税金が課税されます。

イ　相続税額を取得費に加算する特例

また、この場合の非上場株式の譲渡による譲渡所得金額を計算するに当たり、その非上場株式を相続又は遺贈により取得したときに課された相続税額のうち、その株式の相続税評価額に対応する部分の金額を取得費に加算して収入金額から控除することができます。ただし、加算される金額は、この加算をする前の譲渡所得金額が限度となります。

② 特別支配株主による売渡請求

特別支配株主による売渡請求（会社法179条）に応じて、個人株主

が特別支配株主に自社株を譲渡した場合、これら株主は、株式譲渡所得の金額について、税率20.315％の申告分離課税が行われます。なお、その株式の譲渡について、譲渡所得等の赤字の金額は、他の非上場株式に係る譲渡所得等の黒字の金額から控除できますが、その控除をしてもなお控除しきれない赤字の金額は、給与所得など他の各種所得と相殺することはできません。

また、相続発生の日の翌日から相続税の申告期限の翌日以後3年を経過する日までの間に、売り手が相続により取得した自社株を譲渡した場合には、相続税額のうち一定金額を譲渡資産の取得費に加算することができることとされています（相続税の取得費加算特例）。

③ 全部取得条項付種類株式の端数買取

全部取得条項付種類株式を利用して少数株主から自社株を集約する手法ではおおむね以下のような手順で行われます。

(1) 定款変更により発行会社の全部取得条項付種類株式に変更する
(2) 発行会社が全部取得条項付種類株式を取得し新株を交付する
(3) その結果、少数株主は端数相当株式を有することになる
(4) 発行会社が少数株主から端数株式を買い取る

少数株主は、(1)の定款変更に反対し所有する株式の買取請求を行うか、(4)で端数の買取りに係る交付金銭を受け取ることになります。

どちらの場合も、この譲渡はみなし配当事由とはされていません（所得税法施行令61条1項9号、11号、法人税法施行令23条3項9号、13号）。したがって、少数株主の課税関係は上記「特別支配株主による売渡請求」と同じになります。

すなわち、株式譲渡所得の金額について、税率20.315％の申告分離課税が行われます。他の所得との相殺はできないこと、相続税の取得費加算特例の適用を受けることができることも同様です。

2　事業承継税制を活用した少数株式の集約

　平成30年度の税制改正により創設された特例事業承継税制を適用すれば、親族外を含む複数の株主から代表者である後継者へ行われる自社株の承継も適用対象になり、後継者の贈与税又は相続税は一定の要件を満たす場合に全額猶予され、かつ、その後継者が死亡するなどの確定事由が発生したときにその猶予税額は免除されます。

　この場合の要件は、①少数株主からの贈与・遺贈よりも前に、先代オーナーから後継者が贈与等により自社株式を承継して特例事業承継税制の適用をすでに受けていること、及び、②贈与の場合は贈与のときに贈与者が発行会社の代表権を有していないことが必要とされています。

8 事業承継税制の活用

法務からのアプローチ

1 事業承継税制にかかわる法的手続の利用

　事業承継税制の適用のため、いくつか法的手続が問題となり得る場面があると言われています。

(1) 無償減資手続

　資本金額が多額となっている会社の場合には、中小企業に該当せず、事業承継税制の適用外となってしまいます。そのため、資本金額を減らすために、無償減資を実施する対応を行う会社もあり得ると考えられています。

　減資においては、欠損填補目的の場合（会社法309条2項9号イロ）を除き、株主総会特別決議が必要です（会社法309条2項9号）。また、この減資手続によって債権者を害するおそれがあるため、債権者において異議を述べることができる旨を官報公告し、知れてる債権者に通知しなければなりません（会社法449条2項）。この一定の期間内に債権者から異議が出された場合には、その債権に対して弁済や相当担保供与等の手続が必要となります（会社法449条5項）。

(2) 自社株式の担保提供の際の対応

　非上場株式等の相続税・贈与税における納税猶予の際に、自社株式を担保提供する場合には、以下の手続を行うことになります。

① 自社株式が株券発行会社の場合

　株券を法務局に供託し、供託書正本を税務署長に提出します（国税通則法施行令16条1項）。

② 自社株式が株券不発行会社の場合

　当該株式に税務署長が質権を設定しますので、その税務署の様式を

利用し担保提供者において質権設定の承諾書面を作成し、担保提供者の印鑑証明書と、当該会社の株主名簿記載事項証明書（会社が発行する書面）及び会社代表取締役の印鑑証明書を税務署に提出します。

2 事業承継税制利用と並行して行うべき対策

　税務面のみならず、親族内承継であれば、その後に相続争いが生じないような対応を同時にとるなど、事業承継税制の利用と並行してそのほかの事業承継対応を実施することで、より事業承継対策が効果的に実行することができます。

　親族内承継においては、相続が生じた場合に、遺留分侵害の争いが生じ得ますので、遺留分を満たす範囲において予め当該株式以外の資産を後継者ではない法定相続人に与える旨を遺言書にて決めるなどの対応を行うほか、中小企業における経営の承継の円滑化に関する法律4条のいわゆる民法特例の活用によって除外合意や固定合意を行い、または遺留分の事前放棄制度（民法1043条）を利用するなどを行うことになります。

　親族内承継においても、親族外承継においても、平成30年度税制改正による事業承継税制の特例措置を利用する場合には、予め特例承継計画を作成し提出することが必要となりますが、その特例承継計画作成段階において次期後継者が明確になることから、会社内外においてその公表等のための準備を早い段階から講じておく必要があります。準備ができていない状況にて、その特例承継計画を会社内で公表して次期後継者が明らかになるような場合には、会社内の分裂が生じるなどの弊害が生じかねません。そのため、遺留分侵害対応のほかにも、親族内承継や親族外承継において必要な準備対応を税務対応と並行して行うことが重要となります。

第6章 事業承継対策の実行（Step3）

税務からのアプローチ

　平成30年度税制改正において、事業承継税制について大幅な見直しが行われ、新しい制度が従来からの事業承継税制の特例措置として創設されました。この特例措置には期限「2018年1月1日～2027年12月31日」が設けられており、この期限内に発生した贈与・相続について適用が認められます。

　新しくなった特例措置で何ができるのか、最大のポイントは、事業承継の税コストが一代に限りゼロになることです。そのためには、①10年内に相続が発生する場合には「相続税の特例措置」を使い、②そうでない場合には、「贈与税の特例措置」、「先代経営者死亡の場合の相続税のみなし特例措置」及び「先代経営者が死亡した場合の相続税の納税猶予及び免除の特例措置」の3つの特例措置を連続して適用することが必要です。

　死亡する時期は事前には分かりませんから、確実に税負担を軽減するためには、②を計画的に実施していく必要があります。②であれば、先代経営者が2028年1月1日以後に死亡した場合であっても、税負担なく事業承継を行うことが可能となります。

　節税を確実に行いたい経営者においては、②の連続適用パターンを対策として実施することが今後実務の中心になります。そこで、本書では、②の「贈与税の特例措置」を中心に説明を行います。

1　特例連続適用パターンの概要

　贈与税の特例措置を受けるためには、まず、事業承継計画を策定して都道府県知事に提出し確認を受け、次に一定の要件を満たす贈与により後継者に自社株を承継させることが必要です。これらにより、自社株贈与に係る贈与税はその全額が猶予されます。

　しかし、その後は継続保有等の一定の要件を満たし続けなければな

りません。要件を満たせないと納税猶予が打ち切られ、贈与税と一緒に利子税を支払わなくてはいけなくなります。

継続保有等の要件を満たし続けていけば、先代経営者の死亡時に、贈与税はその全額が免除されます。このとき、「先代経営者死亡の場合の相続税のみなし特例措置」により、先代経営者から後継者に自社株の相続があったとみなされます（みなし相続）。

このみなし相続時には、原則として、相続税が課税されますが、「先代経営者が死亡した場合の相続税の納税猶予及び免除の特例措置」を適用すれば、相続税の全額が猶予されます。その後、継続保有等の要件を同様に満たしていけば、相続税の納税猶予が継続し、後継者の死亡により相続税が免除されます。

このようにして一代限りではありますが、事業承継に係る税負担がゼロになるのです。

2　贈与税の特例措置

この特例により、後継者が贈与により取得した株式等に係る贈与税の100％が猶予されます。ただし、議決権を行使することができない株式が除かれます。本制度の適用を受けるためには、「中小企業における経営の承継の円滑化に関する法律」（以下、「円滑化法」と言います。）に基づく都道府県知事の「認定」を受け、報告期間中（原則として贈与税の申告期限から5年間）は代表者として経営を行う等の要件を満たす必要があり、その後は、後継者が対象株式等を継続保有すること等が求められます。この制度は納税猶予にすぎず、後述の一定の事由に該当した場合には、猶予された贈与税及び利子税の納付が強制されます。

なお、後継者が死亡した等の一定の場合には、猶予された贈与税が免除されます。

第6章 事業承継対策の実行（Step3）

【図表1】贈与税の特例措置

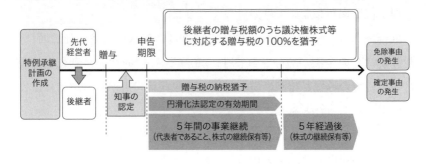

（出典：中小企業庁「経営承継円滑化法申請マニュアル」2頁）

(1) 手続の概要

① 特例承継計画の提出・確認
② 非上場株式等の贈与・円滑化法の認定
③ 贈与税の申告
④ 事業の継続（贈与後5年間）
⑤ 株式の継続保有（5年経過後）
⑥ 猶予贈与税の免除（先代経営者の死亡・事業継続が困難な場合等）

(2) 特例承継計画の提出・確認

特例措置の適用にあたって、会社は円滑化法に基づく都道府県知事の認定を受ける必要があります。

そのためには、最初に、事業承継計画書（＝円滑化法では「特例承継計画」と呼ばれます。）を都道府県に提出し、確認を受けなければなりません。事業承継計画書の記載事項は、後継者の氏名や事業承継の時期、承継時前の経営の見通しや承継後5年間の事業計画等に加え、認定支援機関による指導及び助言の内容などで、非常に簡易なものになっています。

ただし、事業承継への早期取り組みを促すため、この計画書の提出

が認められるのは2023年3月31日までの5年間に限定されています。

　これから事業承継を迎える会社は、どんな会社でも、とりあえず5年内に特例承継計画を都道府県に提出し、認定を受けることが大切になります。提出することによる不利益はまったくなく、有利な特例措置の権利だけは手に入れることができるからです。

(3) 非上場株式等の贈与・円滑化法の認定

　贈与税の特例措置を適用するためには、特例承継計画の策定・提出のあと、①自社株式の贈与を実行し、②贈与の翌年1月15日までに都道府県に認定申請を行い、③3月31日までに特例承継計画・認定書の写しを添付して税務署に納税申告を行います。

　特例措置が適用される自社株式の贈与は、下記の要件を満たしたものであることが必要です。

① 会社の要件

　特例措置の適用を受ける対象会社を「特例認定贈与承継会社」と言います。この会社に該当するためには、下記の要件（主なもの）を満たす必要があります。

---

① 中小企業者に該当して円滑化法の認定を受けていること
② 常時使用従業員が1人以上であること
③ 上場会社に該当しないこと
④ 風俗営業会社に該当しないこと
⑤ 資産管理会社に該当しないこと
⑥ 総収入金額がゼロを超えること
⑦ 後継者以外の者が黄金株を有していないこと

ア　中小企業者

　法の対象となる中小企業者の範囲は、その営む業種により以下のような会社又は個人とされています。なお、医療法人や社会福祉法人、

外国会社は中小企業者には該当しません。

【図表2】中小企業者

中小企業基本法上の中小企業者の定義

	資本金	従業員数
		又は
製造業その他	3億円以下	300人以下
卸売業	1億円以下	100人以下
小売業	5千万円以下	50人以下
サービス業		100人以下

政令により範囲を拡大した業種
（灰色部分を拡大）

	資本金	従業員数
		又は
ゴム製品製造業（自動車又は航空機用タイヤ及びチューブ製造業並びに工業用ベルト製造業を除く）	3億円以下	900人以下
ソフトウェア・情報処理サービス業	3億円以下	300人以下
旅館業	5千万円以下	200人以下

（出典：中小機構「中小企業経営者のための事業承継対策」34頁）

イ　常時使用従業員

　常時使用する従業員の数を証するために、実務的には、70歳以上75歳未満の従業員については「健康保険の標準報酬月額決定通知書」を、70歳未満の従業員のものとしては「厚生年金保険の標準報酬月額決定通知書」を提出します。

ウ　資産管理会社

　資産管理会社とは、下記の資産保有型会社と資産運用型会社を言います。

　資産保有型会社とは、帳簿上の資産価額総額に占める特定資産価額の合計が70％以上となる会社を言い、資産運用型会社とは、総収入金額に占める特定資産の運用収入合計が75％以上である会社を言います。

　特定資産とは、①有価証券等、②現に自ら使用していない不動産（遊休地・賃貸用不動産・販売用不動産）、③ゴルフ会員権・レジャー会員権、④絵画、彫刻、工芸品、貴金属等、⑤現預金、代表者・同族関係者等に対する貸付金・未収金を言います。

　このような形式基準を満たせず、資産管理会社に該当した場合、原

則として、この特例を受けることができません。しかし、例外的に、次の事業実態要件を満たせば、この特例の適用ができるよう措置されています。

> 【事業実態があるとされるための要件】
> ① 常時使用する従業員の数が5人以上であること（ただし「従業員」には、特例経営承継受贈者及びこれらの者と生計を一にする親族は含めることができません。）。
> ② 事務所、店舗、工場その他これらに類するものを所有し、又は賃借していること。
> ③ 贈与の日まで引き続き3年以上にわたり次に掲げるいずれかの業務をしていること。
>   (イ) 商品販売等
>   (ロ) 商品販売等を行うために必要となる資産の所有又は賃貸
>   (ハ) 上記(イ)及び(ロ)の業務に類するもの

ここで(イ)の商品販売等とは、商品の販売、資産の貸付け又は役務の提供で、継続して対価を得て行われるものでその商品の開発若しくは生産又は役務の開発を含みます。ただし、資産の貸付けの相手方が「特例経営承継受贈者である場合」や、「その同族関係者である場合」には、その資産の貸付けは商品販売等の事業活動に該当しません。

エ　黄金株

黄金株とは、拒否権付種類株式（他の箇所で記載があるため記述を省略します。）を言います。

② 後継者である受贈者の要件

特例制度においては、一般制度と異なり、複数の株主（贈与者）から最大3人の後継者への承継が認められています。後継者（受贈者）とは、具体的には、次の要件のすべてを満たすものを言います（租税特別措置法70条の7の5第2項6号）。先代経営者が複数の後継者に

贈与するときには、同一年中の贈与であれば、必ずしも「同時贈与」である必要はないとされています（租税特別措置〔相続税関係〕取扱通達70の7の5-2（注））。

> ①　20歳以上であること
> ②　会社の代表権を有していること
> ③　後継者（受贈者）及び同人と特別の関係がある者で総議決権数の50％超の議決権数を保有すること
> ④　後継者の保有議決権数において、次の(ｱ)又は(ｲ)に該当すること
>   (ｱ)　後継者が１人の場合
>   後継者と特別の関係がある者の中で最も多数の議決権数を保有すること
>   (ｲ)　後継者が２人又は３人である場合
>   総議決権数の10％以上の議決権数を保有し、かつ、後継者と特別の関係がある者（後継者を除きます。）の中で最も多数の議決権数を保有すること
> ⑤　役員の就任から３年以上にわたり会社の役員等の地位を有していること
> ⑥　後継者が一般措置である贈与税・相続税の納税猶予の適用を受けていないこと
> ⑦　特例承継計画に記載された後継者であること

③　非上場株式等の取得株数の要件

後継者が特例措置の適用を受けるためには、先代経営者等からの贈与により、次の区分に応じた一定数以上の株式を取得する必要があります（租税特別措置法70条の7の5第1項1号）。

> ①　後継者が１人である場合は次の(ｱ)又は(ｲ)の区分に応じた株数
>   (ｱ)　$A \geq B \times 2/3 - C$のとき　⇒　$B \times 2/3 - C$以上の株数
>   (ｲ)　$A < B \times 2/3 - C$のとき　⇒　Aのすべての株数

② 後継者が2人又は3人の場合

次のすべてを満たす株数

(ア) D ≧ B × 1/10

(イ) D ＞ 贈与後における先代経営者等の有する株式数を上回ること

　　A：贈与直前において、贈与者が有していた株式数
　　B：贈与直前の特例認定贈与承継会社の発行済株式総数
　　C：後継者が贈与の直前において有していた会社の株式数
　　D：贈与後における後継者の有する株式数

④ 贈与者（先代経営者）の要件

　この特例の対象となる先代経営者である贈与者とは、次のすべての要件を満たすものを言います（租税特別措置法70条の7の5第1項、租税特別措置法施行令40条の8の5第1項）。

① 会社の代表権（制限が加えられた代表権を除きます。）を有していたこと
② 贈与の直前（贈与の直前に代表権を有していない場合には、代表権を有していた期間内のいずれかの時及び贈与直前）において、贈与者及び贈与者と特別の関係がある者で総議決権数の50％超の議決権数を保有し、かつ、後継者（受贈者）を除いたこれらの者の中で最も多数を保有していたこと
③ 贈与の時に会社の代表権を有していないこと

　特例措置では、親族外を含む複数の株主から、代表者である後継者（最大3人）への承継も対象になります。先代経営者以外の株主が特例措置の対象となる贈与をする場合には、必ず先代経営者が贈与をした日以後5年間の間に行うことが必要です（租税特別措置法70条の7の5第1項）。

　なお、贈与の直前において、先に特例を受けた後継者がいる場合には、贈与者は③の要件だけを満たす必要があります。

(4) 贈与税の申告

① 期限内申告・担保の提供

贈与税の申告期限までに、受贈者（後継者）は、この制度の適用を受ける旨を記載した贈与税の申告書及び一定の書類を添付して提出しなければなりません（租税特別措置法70条の7の5第5項）。

申告期限は、一般措置と同様に贈与を受けた年の翌年の3月15日であり、この期限までに納税猶予分の贈与税額及び利子税の額に見合う担保を提供する必要があります。なお、特例措置の対象となるすべての株式を担保として提供した場合には、担保の額が猶予された贈与税額に満たないときであっても、納税猶予分の贈与税額に相当する担保が提供されたとみなされます（租税特別措置法70条の7の5第4項）。

② 納税猶予分の贈与税額

特例措置において納税が猶予される贈与税額は、特例対象受贈非上場株式等の価額を特例経営承継受贈者に係るその年分の贈与税の課税価格とみなして、贈与税額を計算した金額とされています（租税特別措置法70条の7の5第2項8号）。

(5) 確定事由

特例措置の適用を受けた非上場株式等については、贈与税の申告後も継続保有することにより、納税猶予が継続することとなります。したがって、特例措置の適用を受けた非上場株式等を譲渡するなど下記に示す一定の事由が生じた場合には、猶予されている贈与税の全部又は一部について納税猶予の期限が確定し、猶予税額を利子税と併せて納付しなければなりません（租税特別措置法70条の7の5第3項）。その確定事由は贈与等による株式の移転後の5年間と5年超の期間各々について次のように定められています。

① 5年内の確定事由

贈与後5年間内（「特例経営贈与承継期間」と言います。）に受贈株式の譲渡等を行うと、全部確定事由に該当し、納税を猶予されている贈与税の全額と利子税を併せて納付することが必要になります。その主なものは、図表3のとおりです。

② 5年経過後の確定事由

贈与後5年間を超える期間、すなわち、特例経営贈与承継期間の経過後において、引き続きこの制度の適用を受けるためには、継続届出書を一定の書類と共に所轄の税務署へ提出する必要があります。なお、継続届出書の提出がない場合には、猶予されている贈与税の全額と利子税を納付しなくてはなりません。

さらに、5年超の期間において、後述の免除事由が発生するまでは、図表3の確定事由に該当しないように株式保有を継続することが必要になります。これらには全部確定事由と対応部分確定事由があり、前者に該当すると猶予税額の全額が、後者であれば譲渡等した部分に対応する猶予税額の納付が強制されます。

【図表3】主な確定事由

主な場合	特例経営贈与承継期間内（5年内）	特例経営贈与承継期間経過後（5年超）
後継者承継株式の一部譲渡	全部確定	一部確定
後継者が代表権を喪失	全部確定	猶予継続
資産管理会社に該当	全部確定	全部確定
贈与時の雇用の8割を下回る	猶予継続	猶予継続

③ 雇用確保要件について

既存の事業承継税制における最大の問題点といわれていた80％の雇用確保要件が、特例制度では大幅に緩和されています。すなわち、一般制度では、適用後の5年間で平均8割以上の雇用が維持できなければ、

納税猶予が打切り（全部確定）になっているのですが、新しい特例制度では、この要件が未達成の場合でも、猶予が継続可能とされています。

ただし、雇用要件未達のときの納税猶予の継続は無条件に認められているわけではありません。その理由の報告が必要とされ、経営悪化が原因である場合等には、認定支援機関による指導助言が必要とされています。

大幅に緩和された新しい特例制度ですが、雇用の確保・維持に努力しなければならないのは一般制度と同じと考えられます。頑張った結果ダメだったときにのみ、納税猶予の継続が可能になると理解して、特例制度の適用を検討すべきだと考えます。

⑹　免除事由

特例措置においては、経営環境の変化を示す一定の要件を満たす場合に会社の譲渡や解散をしたときは、猶予されている贈与税・相続税と、その時点での株式価値で再計算した贈与税・相続税との差額を免除することになりました。

特例経営贈与承継期間の末日の翌日以後に、事業の継続が困難な事由として政令で定める事由が生じた場合において、特例措置の適用を受けた非上場株式等を譲渡等したときは、その対価の額（対価の額が時価の2分の1以下である場合には、時価の2分の1に相当する金額

【図表4】免除事由

No	事由	5年内	5年経過後
1	受贈者の死亡	全額	全額
2	贈与者の死亡	〃	〃
3	3代目後継者などへの一定の再贈与		一部金額
4	民事再生等による後継者所有株式の全部譲渡		〃
5	破産・特別清算		〃
6	合併による消滅		〃
7	株式交換等による完全子会社		〃

を下限とする)をもとに贈与税額を再計算し、再計算した贈与税額と直前配当等(配当金及び損金不算入となった役員給与)の額の合計額が当初の納税猶予税額を下回る場合には、その差額が免除されます(租税特別措置法70条の7の5第12項1～4号)。

3 贈与税の納税猶予中に先代経営者(贈与者)が死亡した場合

先代経営者等(贈与者)の死亡等があった場合には、「免除届出書」・「免除申請書」を提出することにより、猶予されている贈与税が免除されます。

このとき、贈与を受けた株式等は、先代経営者から相続又は遺贈により取得したものとみなされて相続税が課税されます。なお、その場合の自社株の相続税の評価額は、贈与時点のもので計算します(租税特別措置法70条の7の7第1項)。

その際、後継者が都道府県知事の確認(=切替確認)を受けることで、相続税の納税猶予を連続して受けることができます。

【図表5】先代の死亡と切替確認

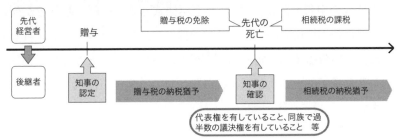

(出典：中小企業庁「経営承継円滑化法申請マニュアル」2頁)

(1) 手続の概要

先代経営者が死亡した場合の相続税の納税猶予を受けるための手続は下記のとおりになります。先代経営者が2028年1月1日以後に死亡した場合であっても、2027年12月31日までに特例措置による贈与を実行している場合には、切替確認を受けて相続税の納税猶予を適

用することができます。
  ① 先代経営者の死亡
  ② 非上場株式等の相続・円滑化法の確認
  ③ 相続税の申告
  ④ 事業の継続（相続後5年間）
  ⑤ 株式の継続保有（5年経過後）
  ⑥ 猶予相続税の免除（後継者の死亡・事業継続が困難な場合等）

(2) 円滑化法の確認

先代経営者が死亡したときには、みなし相続の規定により、後継者が自社株式を相続により承継したとみなされます。後継者は、相続開始後8か月以内に、「円滑化法の確認」申請を行い、会社がこの制度の適用要件を満たしていることについて、都道府県知事の確認を受けます。

(3) 相続税の申告書の作成と提出

相続税の申告期限までに、「非上場株式等の（特例）贈与者が死亡した場合の相続税の納税猶予及び免除」の適用を受ける旨を記載した相続税の申告書及び一定の書類を税務署へ提出するとともに、納税が猶予される相続税額及び利子税の額に見合う担保を提供する必要があります。

こうして猶予が認められると、後継者がその後の事業の継続と株式の継続保有を行うことにより、納税猶予が継続します。後継者が死亡するときか次の後継者への贈与を行うときに、猶予された相続税は免除され、結果として税負担がゼロで1代の世代交代が実現できるのです。

9 債務超過企業の事業承継

法務からのアプローチ

1 債務超過企業の事業承継の類型

債務超過企業の事業承継においては、債務超過の程度や収益力、後継者の有無によって採るべき方法が異なってきます。

(1) 事業継続(親族内承継)による収益改善を目指す場合

まず、収益力は一定程度あるものの、過去の投資の失敗などで債務超過に陥っており、かつ後継者がいて収益力の改善により債務超過解消が見込める場合があります。

このような場合には、法人の事業承継については通常の親族内事業承継の手法によることになりますが、経営者保証については、「経営者保証に関するガイドライン」(経営者保証GL)を利用して後継者の保証を回避し、また、旧経営者の保証を見直し[1]又は将来において解除すること[2]を検討することになります。

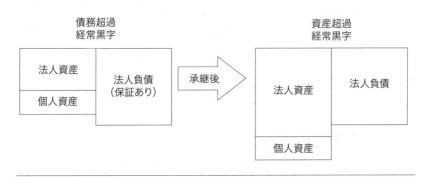

---

[1] 具体的には、旧経営者の保証額を承継時の額に確定させたり、保証額を物的担保の評価額を控除した額にとどめることなどが考えられます。

[2] 現状が債務超過であるため、旧経営者の保証を直ちに解除することは難しいと思われますが、財務状態が改善したときや、法人の収益力により返済が可能となったときに保証契約の解除を求めることや、予めこれらの状態となった場合には保証を解除する旨の条件付保証契約に切り替えることも考えられます。

(2) 第三者承継により債務超過が解消する場合

次に、第三者承継、すなわちM&Aを通じて将来収益力が評価（金銭化）された結果、債務超過から資産超過に転じる場合があります。具体的には、会社分割又は事業譲渡の方法で承継がなされた場合に、譲渡会社、分割会社においては対価の取得により資産超過に転じます。

このような場合には、承継によって当該企業は資産超過となっていますので、通常の第三者承継と同様の結果になります。

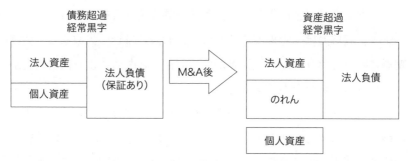

(3) 保証人の一部資産の拠出により債務超過が解消する場合

第三者承継によって現時点の財産状態よりも対価取得分だけ資産が増加するものの、当該対価のみでは債務の全額を支払うには足りない場合があります。この場合に、保証人となっている経営者の個人資産の一部を拠出すれば全額弁済ができるのであれば、債務整理を伴わない承継となります。

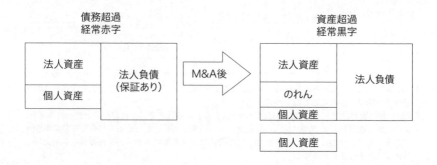

(4) 債務整理が必要な場合

債務超過企業の事業承継に際して、債務の整理（債務免除）を受けなければ承継ができない場合、整理の対象となる債権者（対象債権者）の範囲や、債務超過の程度、対象債権者の協力の程度によって手法が異なります。

① 優先債権を全額支払えない場合

まず、公租公課（税金や社会保険料）や労働債権等の優先債権（破産手続における財団債権、民事再生手続における共益債権）を全額支払うことができない場合、私的整理手続も法的再生手続もとることができません。

このような場合、債務整理の手法としては破産手続しかありませんが、破産手続に先立ち、又は破産管財人のもとで事業譲渡を行い、第三者に事業を承継させる方法が考えられます。

ただし、この場合、破産手続を前提としていますので、事業譲渡行為自体が債権者を害する行為として管財人による否認権行使の対象となり得ますし、事業譲渡に先立つ特定の債権者への弁済についても債権者間の平等に反する弁済（偏頗行為）として同様に否認権行使の対象となり得ます。そのため、このような事業譲渡に際しては、譲渡先や譲渡対価の合理性について十分に検討し、かつ管財人及び裁判所に説明できるようにしておくことが必要となります。

② 金融機関からの協力が得られる場合

次に、優先債権を全額弁済でき、かつ債務整理の対象となる全ての債権者（通常は金融機関）の同意・協力が得られる場合、私的整理手続を利用した事業承継が可能となります。

私的整理手続においては、通常、商取引債権は保護し、金融債権者との間で事前協議を整え、金融債権者のみを対象として一定の比率による債務免除を求めますが、特定の商取引債権者について整理手続の

対象として債務免除を求める場合もあります。

③ 一定割合以上の対象債権者の協力が得られる場合

債務整理の対象となる債権者全員から協力が得られないものの、一定割合以上の債権者から協力が得られる場合には、多数決により手続を進める法的手続により債務整理を行うことになります。

具体的には、民事再生手続や、事業譲渡の後に特別清算手続で精算する手法などが考えられます。

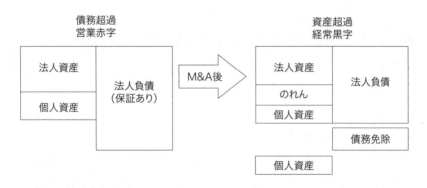

2　法人の債務整理の手法

(1) 私的整理手続

私的整理手続とは、法的手続ではなく、債務者と債務整理の対象となる債権者の協議に基づき債務を一定額免除する手続であり、予め第三者が定めたルールに則って行う準則型私的整理手続と、それ以外の私的整理手続があります。

① 私的整理手続の類型と特徴

私的整理の利点としては、商取引債権を保護できることや、一般に秘密裡に行われることから事業の信用が毀損されず、事業価値の劣化が法的手続に比して少ないことが挙げられます。また、債務者と対象債権者との合意により柔軟に債務整理の内容を定めることができます。

準則型私的整理手続の代表的なものとして、①特定調停を用いた債

務整理、②中小企業再生支援協議会（再生支援協議会）の支援のもとで行う債務整理、③地域経済活性化支援機構（REVIC）の支援のもとで行う債務整理があります。

　このうち特定調停は、裁判所が関与する点、通常1回又は2回の調停期日で終結する点、手続費用が低廉である点、比較的柔軟に債務整理の内容を設計できること、いわゆる17条決定（民事調停法17条）により対象債権者の消極的同意（異議が出されないこと）でも成立すること、株式会社以外の法人も利用可能であることなどが特徴として挙げられます。また、個人事業主も対象となります。

　一方、再生支援協議会及びREVICによる手続は、事前調整の段階から第三者支援機関である再生支援協議会又はREVICが金融機関との調整に入るため、当事者間同士の協議よりも合意形成がしやすいという利点があります。その一方で再生計画の内容について厳格な数値基準があることや、複数の専門家が関与して慎重に検討を進めることから比較的時間を要する点に留意する必要があります。

　それぞれ特徴の異なる手続ですが、たとえば、対象債権者数が少なく、金融機関の調整が複雑でない場合や迅速性が求められる場合には、特定調停手続を用いた債務整理が適合するように思います。一方、対象債権者が多く調整の難航が見込まれる場合や、再生手法が複雑で第三者による慎重な検証が必要な場合などには、再生支援協議会やREVICによる支援手続が適合するように思います。

② 準則型私的整理手続の要件

　これらの準則型私的整理手続においては、手続を進めるうえでの要件が定められており、その内容は細部においてはやや異なる点もありますが、概ね以下の点が共通の要件となっています[3]。

3 　各手続の要件の詳細は、紙幅の関係上、本項では割愛します。

- 債務者が過大な債務を負い、既存債務を弁済することができない又は近い将来において確実に見込まれること
- 対象債権者は原則として金融債権を有する金融機関であること[4]（信用保証協会やサービサーを含む）
- 法的手続が相応しい場合でないこと（否認権行使や役員の責任追及等の問題がないこと、個別の権利行使が着手されていないこと等）
- 対象債権者にとって経済的合理性が認められること（清算価値保障原則に適合していること）
- 優先債権が全額弁済可能であり、債務整理の対象としない一般商取引債権が対象債権者の了解のもとで全額弁済可能であること
- 準則において定める弁済計画の要件を満たすこと
- 弁済計画につき債務整理の対象となる全ての債権者から同意が得られること

(2) 法的整理手続

法的整理手続は、再生型手続として民事再生手続と会社更生手続があり、清算型として特別清算手続と破産手続があります。

これらはいずれも対象債権者全員の同意が得られずとも債務整理を行うことが可能である点で共通しますが、弁済計画の可決要件は異なります[5]。

法的手続は、いわゆる「倒産」という評価を受ける関係で、事業価値の毀損が激しく、経営者や従業員、取引先、許認可等への影響も少なくないことから、私的整理による債務整理が困難な場合の選択肢として位置付けられるのが通常です。

---

[4] 特定調停手続においては、金融機関以外でも、事業者又は保証人の弁済計画の履行に重大な影響を及ぼすおそれのある債権者は、対象債権者に含めることができます。

[5] 代表例として、民事再生手続の場合、再生計画案の可決要件は、①議決権者の過半数の同意、かつ、②議決権者の議決権の総額の2分の1以上の議決権を有する者の同意となります。会社更生手続の場合、更生債権と更生担保権によって可決要件が異なり、更生担保権については権利変更の内容に応じて細かく規定されていますが、本項では割愛します。

一方で、法的手続の場合、商取引債権を含む一般の債権を債務整理の対象とすることができること、保全処分や開始決定による既存債務への弁済が禁止されること、多数決による権利変更が可能であることなどの利点もあります。

なお、特別清算手続は、法的手続ではあるものの、私的整理の出口としても広く利用されています[6]。

3 保証人の債務整理の手法

(1) 経営者の保証に関するガイドライン

経営者の保証債務を整理する手法として、経営者保証に関するガイドライン（経営者保証GL）があります。

① 経営者保証GLの特徴

経営者保証GLによる債務整理の利点として、①破産手続等の法的手続によらずに債務整理ができること、②債務整理に関して信用情報機関のデータ（いわゆるブラックリスト）に登録されないこと、③破産手続による場合よりも多くの資産を残せる可能性があることが挙げられます。

ただし、経営者に残せる資産（残存資産）の範囲は、対象債権者の回収見込額の増加額を上限として、債権者と債務者が協議して決せられるため、事案ごとに異なります。

また、経営者保証GLは、準則型私的整理手続だけでなく、主たる債務者について法的再生手続や破産手続を行わざるを得ない場合でも、保証人単独で利用できます。

② 経営者保証GLの要件

経営者保証GLの要件としては、主として以下のものがあります。

---

[6] 特別清算手続は、全債権者との和解による和解型と、多数決を前提とする協定型があります（会社法510条）。協定型の場合、①出席した議決権者の過半数の同意、かつ、②議決権者の議決権の総額の3分の2以上の議決権を有する者の同意が可決要件となります（会社法554条）。

> - 経営者保証GLが定める保証契約の要件を充足していること[7]
> - 主たる債務者の法的又は準則型私的整理手続の申立、係属[8]、又は終結
> - 対象債権者において経済的合理性が期待できること[9]
> - 保証人に破産法に定める免責不許可事由がないこと

③ 残存資産の範囲

経営者保証GLにおいて定められている残存資産の範囲は、大要次のとおりです。

> - 債務整理の申出後の収入及び新得財産
> - 破産手続において自由財産とされる99万円までの現金等
> - 生活に欠くことのできない家財道具等（差押禁止財産）
> - 対象債権者の経済的合理性を上限とする次の財産（全対象債権者との合意が必要）
>   ① 雇用保険の支給期間を参考とする「一定期間の生計費[10]」
>   ② 華美でない自宅
>   ③ 預貯金、生命保険解約返戻金等、敷金、自家用車その他の財産[11]
> - その他、申出後の収入及び新得財産で弁済することを条件とする同等の財産

---

[7] 具体的には、①保証契約の主たる債務者が中小企業であること、②保証人が個人であり、主たる債務者の経営者であること（実質的経営者、営業許可名義人、経営者の配偶者等を含む）、③主たる債務者及び保証人の双方が弁済について誠実であり、対象債権者の請求に応じて財産状況につき適時適切に開示していること、④主たる債務者及び保証人が反社会的勢力でなく、そのおそれもないことの4要件。

[8] 残存資産について、主たる債務者の整理手続終結後は、破産手続よりも多くの財産を残すことができなくなりますので留意が必要です。

[9] 具体的には、「主たる債務者の資産及び債務並びに保証人の資産及び保証債務の状況を総合的に考慮して、主たる債務及び保証債務の破産手続による配当よりも多くの回収を得られる見込みがあるなど」の場合、対象債権者にとっても経済的な合理性が期待できるとされています。

[10] 生計費については、民事執行法施行令で定める額（1か月あたり 33万円）を参考とし、一定期間については、雇用保険の支給期間（90日〜330日、年齢により異なる）を参考とするとされています。

[11] これら残存資産の具体例は、金融庁の経営者保証GL事例集に詳しく掲載されています。

(2) 法的整理手続

　保証人の債務整理について、保証債務のみならず保証人が自ら借り入れた債務などが多額に上り、これらの債務についても債務整理が必要となり、かつ、全債権者からの同意が得られない場合には、経営者保証GLでは対応できず、法的手続による債務整理を検討することになります。

　具体的には、個人再生手続（小規模個人再生、給与所得者再生）や、通常の再生手続、又は破産手続の利用が考えられます。これらの手続は、法の定める要件のもとで債権者の同意する弁済計画に基づく一定額の弁済が必要となりますが、住宅資金特別条項に基づき住宅ローンを支払うことによって自宅に住み続けられる利点があります。

4　まとめ

　以上のとおり、債務超過企業においても事業承継を実現する手法は様々にあります。ただし、債務超過企業の場合、債務整理に際して対象債権者と協議するとともに、準則型私的整理手続又は法的手続のルールに則り整理を進める必要がある点で、通常の事業承継手続よりも利害関係や手続が複雑である点に留意が必要です。

　また、仮に事業承継の実現が困難な場合には、次善の策として、破産手続によらない廃業手続や、経営者保証GLを用いた経営者の負担軽減ができる可能性があります。

　そのため、債務超過の状況にあっても諦めず、弁護士等の専門家の支援を受けながら事業承継の方策について相談することが重要であると考えます。

第6章 事業承継対策の実行（Step3）

税務からのアプローチ

　一般的に債務超過に陥っている中小企業は、過剰債務を整理し財政状態を良好にしたうえで事業承継を行うことが必要となります。事業再生フェーズにおいて、税務上の主なポイントは、事業再生税制の適用可否です。

　民事再生法の法的整理に加え、これに準ずる一定の要件を満たす私的整理において債務免除等が行われた際、その債務者である法人について下記の特例が認められます。

　①　資産の評価損益の計上（法人税法25条3項、33条4項）
　②　期限切れ欠損金の損金算入（法人税法59条2項3号）

　②の特例は、①資産の評価損益の計上の適用を受ける場合に限り、債務免除益等の額に達するまで、青色欠損金額等以外の欠損金額（＝期限切れ欠損金）の損金算入を優先する特例です。

　しかし、事業再生が失敗し財政状態が改善される見通しが立たなければ、事業承継を希望する後継者が現れないことから、廃業の可能性を検討することになります。逆に事業がうまく再生し、健全な会社になった場合には、事業承継を実行します。すなわち、この段階で親族内承継、従業員等への承継、M&Aによる承継を別途検討します。

◆執筆者一覧◆

■法務担当

髙井　章光（たかい　あきみつ）
1995年弁護士登録、あさひ法律事務所（現あさひ法律事務所、西村あさひ法律事務所）を経て、2016年～髙井総合法律事務所代表。2014年～2016年中小企業庁「事業承継を中心とする事業活性化に関する検討会」委員、2014年～日本弁護士連合会日弁連中小企業法律支援センター事務局長、2015年～中小企業基盤整備機構「事業引継ぎ支援事業の評価方針検討委員会」委員

大西　雄太（おおにし　ゆうた）
2007年弁護士登録、西村あさひ法律事務所を経て、2012年～大西綜合法律事務所入所、2014年～中小企業基盤整備機構関東本部　事業承継コーディネーター、2016年～慶應義塾大学法科大学院非常勤講師、2017年～日本弁護士連合会日弁連中小企業法律支援センター幹事

大宅　達郎（おおや　たつろう）
2007年弁護士登録、ビンガム・坂井・三村・相澤法律事務所を経て、2015年～東京双和法律事務所代表。2018年～日本弁護士連合会中小企業法律支援センター事務局次長、東京都中小企業再生支援協議会登録専門家、東京都事業引継ぎ支援センター登録専門家、中小機構経営実務支援アドバイザー

安部　史郎（あべ　しろう）
2008年弁護士登録、2013年～馬場・澤田法律事務所勤務、2015年～日本弁護士連合会日弁連中小企業法律支援センター幹事、2016年～京都大学法科大学院非常勤講師

金森　健一（かなもり　けんいち）
2011年弁護士登録、2012年～弁護士法人中村綜合法律事務所入所、2013年ほがらか信託株式会社入社、2015年～同社常務執行役員

■税務担当

税理士法人UAP
企業組織再編、事業承継、流動化・証券化、信託、M&A、富裕層タックスコンサルティング等を行っているプロフェッショナルな税務の専門家集団

平野　和俊（ひらの　かずとし）パートナー
1997年税理士登録。資産税中心の会計事務所を経て2006年～税理士法人UAPを設立しパートナー就任。税理士

後　　宏治（うしろ　こうじ）パートナー
1993年公認会計士登録。1995年税理士登録。青山監査法人(現あらた監査法人)、資産税中心の会計事務所を経て2006年～税理士法人UAPを設立しパートナー就任。税理士・公認会計士

吉田　暁弘（よしだ　あきひろ）シニアアソシエイト
2010年税理士登録。地方銀行等勤務を経て2007年～現職。税理士

桑田　洋崇（くわだ　ひろたか）シニアアソシエイト
2009年税理士登録。専門学校税理士講座講師を経て2007年～現職。税理士

齊藤　啓明（さいとう　ひろあき）アソシエイト
証券会社勤務を経て2012年～現職。

上田　悟志（うえだ　さとし）アソシエイト
2015年税理士登録。IT会社勤務を経て2013年～現職。税理士

ケーススタディ　事業承継の法務と税務
―思わぬ失敗に陥らないために―

平成30年12月25日　第1刷発行

編　著　髙井章光
　　　　税理士法人UAP

発　行　株式会社ぎょうせい

〒136-8575　東京都江東区新木場1-18-11
電話　編集　03-6892-6508
　　　営業　03-6892-6666
フリーコール　0120-953-431

URL:https://gyosei.jp

〈検印省略〉

印刷　ぎょうせいデジタル㈱　　©2018 Printed in Japan
※乱丁・落丁本はお取り替えいたします。

ISBN978-4-324-10551-1
(5108463-00-000)
〔略号：ケーススタディ事業承継〕

相続税申告の流れに沿った解説でよくわかる!!

税務のわかる弁護士が教える
相続税業務に役立つ民法知識

弁護士・税理士 **谷原 誠**【著】

A5判・定価(本体2,500円+税) 電子版 本体2,500円+税

※電子版は ぎょうせいオンライン 検索 からご注文ください。

■相続税の課税割合アップで初めて申告に関与する税理士も知っておきたい民法相続編と、2019年7月までに大半が施行される改正相続法の知識が身につく!

■相続税申告までの主な流れ

相続開始⇒遺言書・有→家裁の検認→遺言の執行
⇒(遺言書・無)相続人の調査→相続放棄・限定承認
⇒遺産の調査・評価・鑑定
⇒遺産分割協議→調停・審判⇒相続税申告

に沿って民法による相続実務を順に解説!

主要目次

第1章 遺言書の確認	第6章 遺産分割
第2章 相続人の確定	第7章 遺留分
第3章 相続の承認・放棄	第8章 財産分離・相続回復請求権
第4章 相続財産の確定	第9章 相続法改正
第5章 相続分	資料編

 株式会社 ぎょうせい　フリーコール TEL:0120-953-431 [平日9~17時] FAX:0120-953-495
https://shop.gyosei.jp
〒136-8575 東京都江東区新木場1-18-11　　ぎょうせいオンライン 検索